Valentina Kaptayn

Zwischen Tabu und Trauma

Kateřina Tučkovás Roman *Vyhnání Gerty Schnirch* im Kontext der tschechischen Literatur über die Vertreibung der Deutschen

Literatur und Kultur im mittleren und östlichen Europa

herausgegeben von Reinhard Ibler

ISSN 2195-1497

Valentina Kaptayn

ZWISCHEN TABU UND TRAUMA

Kateřina Tučkovás Roman *Vyhnání Gerty Schnirch*
im Kontext der tschechischen Literatur über die
Vertreibung der Deutschen

ibidem-Verlag
Stuttgart

Bibliografische Information der Deutschen Nationalbibliothek
Die Deutsche Nationalbibliothek verzeichnet diese Publikation in der
Deutschen Nationalbibliografie; detaillierte bibliografische Daten sind im
Internet über http://dnb.d-nb.de abrufbar.

Bibliographic information published by the Deutsche Nationalbibliothek
Die Deutsche Nationalbibliothek lists this publication in the Deutsche Nationalbibliografie;
detailed bibliographic data are available in the Internet at http://dnb.d-nb.de.

∞

Gedruckt auf alterungsbeständigem, säurefreien Papier
Printed on acid-free paper

ISSN: 2195-1497

ISBN-13: 978-3-8382-0482-6

© *ibidem*-Verlag
Stuttgart 2013

Inhaltsverzeichnis

1. Einleitung

„Heim ins Reich": Mit dieser Parole unterstützte die Sudetendeutsche Partei die politischen Bemühungen des nationalsozialistischen Deutschlands, das Sudetenland in das Deutsche Reich einzugliedern. [1] Folge dieser Bemühungen waren nicht nur der Anschluss der Sudetengebiete, sondern auch der Zerfall der Tschechoslowakei, aus der das Protektorat Böhmen und Mähren entstand. Dieser historische Wendepunkt im Zusammenleben zwischen Deutschen und Tschechen trug zur Entwicklung einer antideutschen Stimmung in der Tschechoslowakei bei. Der Naziterror im Protektorat verstärkte diese Stimmungen. Die Unmöglichkeit eines weiteren Zusammenlebens zwischen Deutschen und Tschechen wurde in den sogenannten Beneš-Dekreten thematisiert, den in den Jahren von 1940 bis 1945 verfassten Verordnungen, die das öffentliche Leben in der Tschechoslowakei nach Kriegsende bestimmen sollten.[2] In diesen Dekreten wurde die Alternativlosigkeit einer Aussiedlung der Deutschen postuliert – eine Position, mit der sich die tschechische Bevölkerung, deren Erinnerungen an die ‚Heydrichiade‘, die Massenmorde in Lidice und Ležáky und die brutalen Niederschlagungen des Widerstandes noch frisch waren, identifizieren konnte. Die politische Devise „Heim ins Reich" erhielt dabei eine neue Bedeutung: Die Deutschen sollten die tschechoslowakische Republik verlassen, und zwar für immer. Die Vertreibung der Deutschen aus der Tschechoslowakei in den Jahren 1945 und 1946, bei der alle deutschstämmigen Bewohner der Sudeten der Kollektivschuldthese zum Opfer fielen, verlief mit enormen Verstößen gegen die Menschlichkeit. Besonders die erste Phase der Vertreibung, die sogenannte ‚wilde Vertreibung‘, war durch Gewalt und Verbrechen vonseiten der tschechischen Bevölkerung gekennzeichnet.

Die Vertreibung der Deutschen war in der Tschechoslowakei lange Zeit ein tabuisiertes Thema, das im öffentlichen Diskurs kaum Platz fand und das auch

---

[1] Vgl. Salzborn, Samuel: Geteilte Erinnerungen. Die deutsch-tschechischen Beziehungen und die sudetendeutsche Vergangenheit. Frankfurt am Main 2008, S. 22.

[2] Vgl. Salzborn 2008: S. 119.

wissenschaftlich kaum aufgearbeitet ist.[3] Die Auseinandersetzung mit Flucht und Vertreibung war außerdem oft politisch funktionalisiert und instrumentalisiert. Welche Deutungen und Thesen bei solchen Debatten geäußert wurden, hing oft von den in die Diskurse einbezogenen Akteuren, aber auch von den historiographischen Traditionen ab. So waren z.b. die Diskurse über die Kriegszeit und auch über die Vertreibung in der Tschechoslowakei anders geprägt als in der Bundesrepublik Deutschland, was unterschiedliche Auswirkungen auch auf die heutige Interpretation des Themas hat. Während in Westdeutschland die Aufmerksamkeit vor allem auf den Heimat- und Statusverlust der Deutschen gerichtet wurde[4], wurde die Vertreibung in den tschechoslowakischen Diskursen über die deutsch-tschechischen Beziehungen im Hinblick auf das nationalsozialistische Regime und den Naziterror relativiert.[5]

Heute, mehr als sechs Jahrzehnte *post factum*, wird diese schmerzliche Phase der deutsch-tschechischen Geschichte auf beiden Seiten intensiv diskutiert. Neue Fakten und Dokumente werden der Öffentlichkeit vorgestellt; an den Debatten nehmen Historiker, Psychologen und Zeugen der Vertreibung teil. Der Begriff ‚Vertreibung' wird dabei immer häufiger nicht nur aus dem historio-graphischen Blickwinkel betrachtet, sondern auch aus juristischer oder politischer, historischer oder kultureller Perspektive.

Der Entwicklung des öffentlichen Diskurses über die Vertreibung der Deutschen wird in der Tschechischen Republik seit dem Fall des kommunistischen Regimes immer größere Bedeutung beigemessen. Zahlreiche

---

[3] Vgl. dazu u.a. Staněk, Tomáš: Vertreibung und Aussiedlung der Deutschen aus der Tschechoslowakei 1945-1948. In: Brandes, Detlef; Kural, Václav (Hg.): Der Weg in die Katastrophe. Deutsch-tschechoslowakische Beziehungen 1938-1947. Essen 1994, S. 165-186, hier S. 165; Maidl, Václav: Obraz německy mluvících postav a německého prostředí v české literatuře 19. a 20. století. In: Křen, Jan; Broklová, Eva (Hg.): Obraz Němců, Rakouska a Německa v české společnosti 19. a 20. století. Praha 1998, S. 281-302, hier S. 293.

[4] Vgl. Schneiß, Wolfgang: Flucht, Vertreibung und verlorene Heimat im früheren Ostdeutschland. Beispiele literarischer Bearbeitung. Frankfurt am Main 1996, S. 11.

[5] Vgl. Mehnert, Elke: Vertriebene versus Umsiedler – der ostdeutsche Blick auf ein Kapitel Nachkriegsgeschichte. In: Mehnert, Elke (Hg.): Landschaften der Erinnerung: Flucht und Vertreibung aus deutscher, polnischer und tschechischer Sicht. Frankfurt am Main 2001, S. 133-157, hier S. 138.

Filme (darunter z.B. *Habermannův mlýn* (dt. *Habermann*), eine deutsch-tschechische Gemeinschaftsproduktion aus dem Jahr 2010 über die Vertreibung der Deutschen), mediale Präsenz des Themas (wie z.B. die Dokumentation *Zabíjení po česku* (dt. *Töten auf Tschechisch*) von David Vondráček, die sich um die Hinrichtung von Deutschen in Prag nach Kriegsende dreht) sind Ausdruck der gewachsenen Aufmerksamkeit für das Thema. Gleichzeitig sorgen diese Projekte oft nicht nur für große Diskussionen, sondern auch für große Empörung, was als ein Zeichen für die Notwendigkeit der Aufarbeitung des komplexen Themas verstanden werden kann.[6]

Ein Teil dieses Diskurses sind neben den journalistischen Publikationen, wissenschaftlichen Veröffentlichungen und medialen Projekten auch literarische Texte. In jüngster Vergangenheit stellt die Vertreibung darin ein immer häufiger auftretendes Motiv dar – so auch in der neuesten literarischen Darstellung der Vertreibung, im Roman *Vyhnání Gerty Schnirch* (2009; dt. *Die Vertreibung der Gerta Schnirch*) der jungen tschechischen Autorin Kateřina Tučková. Tučková beschreibt in *Vyhnání Gerty Schnirch* das Schicksal einer Frau, das exemplarisch für die Schicksale vieler vertriebenen Deutschen stehen kann. Der Roman wurde als Gegenstand der literaturwissenschaftlichen Untersuchung dieser Studie gewählt, da er als aktuelles Werk der tschechischen Vertreibungsliteratur eine differenzierte Darstellung der Vertreibung darbietet, die vor allem in der anspruchsvollen erzähltechnischen Form und in der thematischen Breite ausgedrückt wird.

Ziel dieser Studie ist es, aufzuzeigen, wie das Problem der Vertreibung im Roman thematisiert und verarbeitet wird. Dafür wird eine narratologische Untersuchung des Romans durchgeführt und anhand dieser Untersuchung die Erschließung des Problems der Vertreibung im Werk geleistet. Wichtig ist, in diesem Zusammenhang festzustellen, welche Aspekte der Vertreibungsthematik im Roman dargestellt werden und mit welchen literarischen Mitteln dies geschieht.

---

[6]   Vgl. Kraft, Claudia: Der Platz der Vertreibung der Deutschen im historischen Gedächtnis Polens und der Tschechoslowakei/Tschechiens. In: Cornelißen, Christoph; Holec, Roman; Pešek, Jiří (Hg.): Diktatur-Krieg-Vertreibung. Erinnerungskulturen in Tschechien, der Slowakei und Deutschland seit 1945. Essen 2005, S. 329-353, hier S. 342.

Zum genaueren Verlauf der Untersuchung: Um Tučkovás Roman in den geschichtlichen und literaturwissenschaftlichen Kontext besser einordnen zu können, soll als Ausgangspunkt der vorliegenden Studie der Versuch unternommen werden, die Begriffe der Vertreibung und der Vertreibungsliteratur näher zu bestimmen. Dabei soll neben der Auseinandersetzung mit den möglichen Bedeutungen dieses Begriffs auch die generelle Problematik der heterogenen Definitionen ausdiskutiert werden. Kapitel 4 bietet einen literaturhistorischen Überblick über die tschechische Vertreibungsliteratur. Der Fokus liegt dabei auf der Repräsentation der Vertreibung in der fiktionalen tschechischen Literatur, von der unmittelbaren Nachkriegszeit bis heute. Dabei ist es vor allem von großem Interesse zu verfolgen, wie sich das Bild der Vertreibung der Deutschen im Laufe der Zeit entwickelte und verbreitete und welchen Einfluss das auf das kollektive Erinnern an die Vertreibung hatte. Nach einer kurzen Darstellung der Autorin und des Romans in Kapitel 5 wird der Roman in Kapitel 6 narratologisch untersucht. Diese Untersuchung soll dann eine Plattform bilden, auf deren Grundlage in Kapitel 7 über die Besonderheiten der literarischen Darstellung der Vertreibung in Bezug auf konkrete inhaltliche Schwerpunkte reflektiert werden soll. Das Resümee der Ergebnisse und der Ausblick bilden das abschließende Kapitel der Arbeit. Im Anhang wird neben der Kurzübersicht über die Werke der tschechischen Literatur, die sich mit dem Thema Flucht und Vertreibung der Deutschen aus der Tschechoslowakei beschäftigen, auch ein Interview mit der Autorin des untersuchten Romans, der Schriftstellerin Kateřina Tučková, vorgelegt.

2. Zum Begriff ‚Vertreibung'

Auch bei einer literaturwissenschaftlichen Analyse der Vertreibungsproblematik wird man zwangsläufig mit der Frage konfrontiert, was eigentlich unter dem Begriff ‚Vertreibung' verstanden wird. Bevor auf das Für und Wider der Begrifflichkeiten eingegangen wird, ist es für das Verständnis der weiteren Ausführungen zunächst bedeutsam, einen kurzen Überblick über die historischen Ereignisse der Vertreibung der Deutschen aus der Tschechoslowakei zu geben.

Die historischen Ereignisse von Flucht und Vertreibung der Deutschen aus der Tschechoslowakei zogen sich über mehrere Jahre hinweg und werden aufgrund ihres komplexen Verlaufs bis heute in der deutschen und tschechischen Historiographie – gleich wie im kulturellen Gedächtnis beider Nationen – unklar definiert und beschrieben. [7] Da dieser historische Prozess verschiedene Ausprägungen annahm, wird der Vertreibungsverlauf deshalb in mehrere Perioden unterteilt.

Zu den ersten Fluchtwellen, ausgelöst durch den Vormarsch der sowjetischen Truppen und durch die Angst vor den zu erwartenden Racheakten, kommt es bereits im Jahr 1944. In der gleichen Zeit setzt sich Edvard Beneš, der zu diesem Zeitpunkt die Position des Präsidenten der tschechoslowakischen Exilregierung inne hatte, intensiv mit der Frage auseinander, was mit den Sudetendeutschen nach Kriegsende passieren solle. Zum Ende des Krieges steht ein klares Konzept bezüglich der Deutschen in der Tschechoslowakei fest, das ihre Aussiedlung und Enteignung vorsieht.[8]

Nach dem faktischen Kriegsende und der militärischen Kapitulation Deutschlands werden die ‚Beneš-Dekrete' legitimiert. Die Realisierung des

---

[7] Vgl. Kleßmann, Christoph: Flucht und Vertreibung im 20. Jahrhundert – ein zeitgeschichtlicher Abriß. In: Mehnert, Elke (Hg.): Landschaften der Erinnerung: Flucht und Vertreibung aus deutscher, polnischer und tschechischer Sicht. Frankfurt am Main 2001, S. 14-40.

[8] Vgl. Brandes, Detlef: Edvard Beneš und die Pläne zur Vertreibung/Aussiedlung der Deutschen und Ungarn 1938-1945. In: Zand, Gertraude; Holý, Jiří (Hg.): Vertreibung/Aussiedlung/Transfer im Kontext der tschechischen Literatur. Vyhnání/odsun/transfer v kontextu české literatury. Brno 2004, S. 11-28, hier S. 11.

Konzeptes der Aussiedlung der Deutschen aus dem Land beginnt allerdings viel früher, bereits kurz vor dem offiziellen Kriegsende, mit der sogenannten ‚wilden Phase' der Vertreibung. In dieser Zeit kommt es zu den meisten Verbrechen an Deutschen: Sie werden brutal geschlagen, ermordet, vergewaltigt, ihr Besitz wird beschlagnahmt und an die tschechische Bevölkerung abgegeben. Viele Deutsche begehen Selbstmord. Bis heute ist unklar, wie viele Opfer es in dieser Phase gab.[9]

Nachdem die Vertreibung der Deutschen offiziell auf der Potsdamer Konferenz verkündet wird, kommt es ab 1946 zur organisierten Phase der Vertreibung. Diese Periode trägt auch den Namen eines Transfers, Abschubs oder der Zwangsmigration.

Es hat sich vor allem in der deutschen Historiographie etabliert, den gesamten geschilderten historischen Prozess als ‚Vertreibung' zu bezeichnen. Der Begriff stellt sich allerdings als sehr problematisch dar, da er zum einen die einzelnen Ablaufphasen des deutschen Exodus aus dem östlichen und mittleren Europa nicht präzise abdeckt und dadurch nicht im Stande ist, die ganze Komplexität des Geschehens auszudrücken. Zum anderen wird er seit Jahren in den politischen, sozialen und historiographischen Diskursen so häufig verwendet und in manchen Fällen auch funktionalisiert, dass er durch seine Omnipräsenz teilweise an den bedeutenden Aspekten verliert. Mit den Bezeichnungen ‚Aussiedlung', ‚Abschub' oder ‚Umsiedlung' erklärt die ereignisgeschichtliche Forschung zwar die einzelnen Etappen der Vertreibung, doch für die Benennung des gesamten historischen Prozesses erweisen sich sie als mangelhaft.

Ähnlich sieht die definitorische Problematik in den tschechischen Diskursen über die Vertreibung aus. In der tschechischen Sprache gibt es die Gegenüberstellung zwischen dem Wort *vyhnání* (dt. *Vertreibung*) und *odsun* (dt. *Abschub*), über die bis heute heiß diskutiert wird. So wird heute mit dem Wort *odsun* eine Verharmlosung des Geschehens verbunden, doch während des kommunistischen Regimes war diese Bezeichnung des historischen Ereignisses *de facto* die einzige mögliche.

---

[9]   Vgl. Franzen, K. Erik: Die Vertriebenen. Hitlers letzte Opfer. München 2001, S. 184; Reichling, Gerhard: Die deutschen Vertriebenen in Zahlen. Teil I: Umsiedler, Verschleppte, Vertriebene, Aussiedler 1940-1985. Bonn 1986, S. 26.

Erst nach 1989, nachdem der tschechoslowakische Präsident Václav Havel eine neue Phase der Auseinandersetzung mit dem ‚deutschen Thema' eröffnet hatte, konnte offiziell über *vyhnání* gesprochen werden.[10]

Der Streit über die einzelnen Begriffe erschwert oft eine objektive Auseinandersetzung mit dem Thema. Die literarischen Texte über die Vertreibung beschäftigen sich dagegen nur indirekt mit den terminologischen Schwierigkeiten. Im folgenden Kapitel soll daher erläutert werden, was die sogenannte ‚Vertreibungsliteratur' darstellt und wovon sie handelt.

---

[10]   Vgl. Kraft 2005: S. 343.

3. Zum Begriff ‚Vertreibungsliteratur'

Die Stellung der Vertreibungsliteratur im gesamten literaturwissenschaftlichen Diskurs ist trotz der neueren Forschungsarbeiten eine noch immer ungeklärte Frage. In der Historiographie wird den literarischen Texten über die Vertreibung oft vorgeworfen, sie seien aufgrund der ästhetischen Bearbeitung des Erzählten nicht in der Lage, ein wahrheitsgemäßes Zeugnis über die Vertreibung abzulegen. So sagt Micha Brumlik in seiner Monographie zur Vertreibung der Deutschen Folgendes:

> Man kann also mit Recht fragen, ob in literarisch gestaltete Texte nicht soviel Überlegungen, Reflexionen und damit auch Fiktion eingeflossen ist, daß diese Zeugnisse gar nicht mehr als Beleg für reale Erfahrungen dienen können.[11]

Doch gerade in Anbetracht dieses Spannungsfeldes zwischen den Zeugnissen der Beteiligten, die im unmittelbaren Umfeld der Vertreibung als eines historischen Ereignisses entstanden sind, und den Ergebnissen der Erinnerungskultur der nächsten (dabei nicht unbedingt direkt betroffenen) Generationen, zwischen Fiktivem und Faktualem scheint das Thema für die Literaturwissenschaft von besonderer Signifikanz zu sein. Unter diesen Aspekten wird die Literatur über Flucht und Vertreibung heutzutage vor allem in der Germanistik untersucht, was sich unter anderem durch die Zahl der deutschsprachigen Werke zu diesem Themenkomplex erklären lässt.[12] Da die bohemistische Forschung das Thema der Vertreibung in der Literatur bisher nur am Rande behandelte, wird im Folgenden vor allem auf die wichtigen Standpunkte germanistischer Studien zurückgegriffen.

Eine der zentralen Fragen der literaturwissenschaftlichen Forschung zur Vertreibungsliteratur ist die Abgrenzung dieser Literatur als einer eigenständigen Gattung.[13] Diese Überlegungen werden dadurch motiviert, dass

---

[11] Brumlik, Micha: Wer Sturm sät. Die Vertreibung der Deutschen. Berlin 2005, S. 137f.
[12] Vgl. Kroll, Frank-Lothar: Vorwort. In: Dies. (Hg.): Flucht und Vertreibung in der Literatur nach 1945. Berlin 1997, S. 7-8.
[13] Vgl. Eliášová, Patricie: „Sudetendeutsche Literatur" oder „Vertreibungsliteratur"? Die wissenschaftliche Debatte über das literarische Schaffen deutschsprachiger Autoren aus den böhmischen Ländern seit 1945. In: Haslinger, Peter; Franzen, K. Erik; Schulze Wes-

die Vertreibungsliteratur – ähnlich wie z.B. die Holocaustliteratur – Grenzen und Rahmen der traditionellen Gattungskonzepte überschreitet, indem sie auto-autobiographische, historiographische und fiktive Aspekte für die Darstellung der Vertreibungserfahrung verwendet. Auch die thematischen Besonderheiten der Literatur über die Vertreibung sprechen für ihre spezielle Einordnung in den wissenschaftlichen Kontext. Erschwerend für die Bestimmung der Position einer solchen Literatur ist jedoch die Tatsache, dass bis heute keine deutlichen Merkmale für sie herausgearbeitet wurden. Dasselbe gilt ebenfalls für die Definition des Begriffs ‚Vertreibungsliteratur‘.

In seiner 2005 erschienenen Bibliographie zur Flucht und Vertreibung kritisierte Axel Dornemann diese mangelnde Aufarbeitung der Problematik der Vertreibungsliteratur in der Literaturwissenschaft. Gleichzeitig betont er jedoch, dass es eine einheitliche Definition der Vertreibungsliteratur kaum geben könne:

> Denn die Flucht- und Vertreibungsliteratur ist zwar in der erzählten Zeit und inhaltlich bestimmbar, in ihren vielfältigen Ausprägungen und thematischen Intensitäten aber äußerst amorph und deshalb nur begrenzt faßbar und strukturierbar.[14]

Diese Begriffsunklarheit ist darin begründet, dass in der Vertreibungsliteratur ein breites Spektrum von komplexen Themen, Aspekten und Erzählformen sowie einige divergente Phänomene, zu denen beispielsweise die Funktion der Literatur als eine der Medien des kulturellen Gedächtnisses oder das Verhältnis zwischen Fiktionalem und Faktualem in einem literarischen Werk gehören, besprochen werden.

Einen Versuch, mehrere Dimensionen in einer Definition zu vereinbaren, liefert Louis Ferdinand Helbig in seiner Monographie *Der ungeheure Verlust*, indem er Vertreibungsliteratur folgendermaßen erklärt:

> Zur Vertreibungsliteratur gehören Werke aller Genres, verfaßt von Autoren, die noch im Osten veröffentlicht haben, schon im Westen aufgewachsen sind oder sich ohne persönliche Bindung an den Osten Aspekte des Themas „Flucht und Vertreibung"

---

sel, Martin (Hg.): Diskurse über Zwangsmigrationen in Zentraleuropa. Geschichtspolitik, Fachdebatten, literarisches und lokales Erinnern seit 1989. München 2008, S. 247-259, hier S. 247.

[14] Dornemann, Axel: Flucht und Vertreibung aus den ehemaligen deutschen Ostgebieten in Prosaliteratur und Erlebnisbericht seit 1945. Eine annotierte Bibliographie. Stuttgart 2005, S. XVf.

erarbeitet haben. Zu diesen Aspekten gehören: die Erfahrungen und Erlebnisse in der Zeit unmittelbar vor der Verwicklung in das militärische Geschehen; die Kampfhandlungen selbst; Flucht; Erleiden von Terror- und Racheakten, Hunger, Festnahme, Verschleppung, Enteignung; das Leben als Deutsche unter sowjetischer, polnischer und tschechoslowakischer Militär- und später Zivilverwaltung; „wilde Vertreibung", „Aussiedlung", „Transfer", Vertreibung; die Erfahrung des Heimatverlustes; Ankunft im Westen; Eingliederung; Erinnerung an die alte Heimat; Wiederbegegnung.[15]

Wichtig ist hier, dass Helbig auch diejenigen Autoren zu den Verfassern der Vertreibungsliteratur zählt, die keinen direkten biographischen Bezug zur Vertreibung haben. Des Weiteren werden in der Definition die thematischen Schwerpunkte der Werke der Vertreibungsliteratur hervorgehoben. Diese werden auch von Dornemann als wichtiges Kriterium der Vertreibungsliteratur herausgearbeitet und spezifiziert. Laut Dornemann treten in der Vertreibungsliteratur folgende Themen besonders häufig auf: „[d]ie herannahende Front, Flucht und Fluchtchaos, Vergewaltigung, Verbrechen der scheußlichsten Art, Deportationen, Zwangsarbeit, materielle und psychische Not, menschlicher Abgrund".[16] Da die Vertreibung außerdem das Ende der kulturellen und ethnisch-sprachlichen Präsenz der Deutschen in den osteuropäischen Gebieten, vor allem aber im Sudetenland bedeutete, wird in den Werken der Vertreibungsliteratur neben Verlust des Lebensraums auch Verlust der Identität artikuliert.

Zu den weiteren inhaltlichen Aspekten, die Vertreibungsliteratur auszeichnen sollten, gehören außerdem Ausdiskutieren der (Kollektiv-)Schuld der Deutschen und Thematisierung der Rolle der Heimat bzw. der verlorenen Heimat als kulturelle Erinnerungsräume.[17] Der letzte Punkt scheint einigen Forschern von so großer Relevanz zu sein, dass die Motive des Heimatverlustes und Erinnerungen an die alte Heimat auch für die Benennung des gesamten literarischen Genres herangezogen werden: So wird nicht mehr generell von der ‚Vertreibungsliteratur', sondern von der ‚Literatur vom ostdeutschen

---

[15]   Helbig, Louis Ferdinand: Der ungeheure Verlust. Flucht und Vertreibung in der deutsch-sprachigen Belletristik der Nachkriegszeit. Wiesbaden 1988, S. 65.
[16]   Dornemann 2005: S. XVI.
[17]   Vgl. Helbig 1988: S. 7.

17

Heimatverlust' gesprochen.[18] Zwar wird bei der Verwendung dieses Begriffs auf den umstrittenen Begriff ‚Vertreibung' verzichtet und die zum Teil politisierten und moralisierenden Aussagen, die diesen Begriff zum Mittelpunkt der öffentlichen Diskussion machen, bleiben dadurch aus, doch die Definition ‚Literatur vom ostdeutschen Heimatverlust' schließt gleichzeitig unmotiviert eine Reihe von Werken aus, die den strengen theoretischen Kriterien des Begriffs nicht ganz entsprechen können.[19]

Dementsprechend scheint der Begriff ‚(Flucht- und) Vertreibungsliteratur' – trotz seiner Breite und oft in der Kritik stehender divergierender Auslegungen angesichts der Fülle und der thematischen Komplexität der Texte – passender heuristischer Oberbegriff für die Bezeichnung dieser Literatur als eines separaten Genres zu sein.

Im Hinblick auf das Gesagte lässt sich feststellen, dass die Werke der Vertreibungsliteratur durch folgende Kriterien ausgezeichnet werden:

- Zugehörigkeit des Themas der Vertreibung zur Haupthandlung des Werkes;
- Thematisierung der entsprechenden Schwerpunkte, die eng mit der Erfahrung der Vertreibung verbunden sind;
- Darstellung der Vertreibungslandschaften als kultureller Erinnerungsorte.

Vertreibungsliteratur kann in Bezug auf diese Kriterien tatsächlich als eine selbständige Disziplin im Rahmen der Literaturwissenschaft konzipiert werden. In Anknüpfung an theoretische Überlegungen Helbigs und Dornemanns werden in dieser Arbeit unter Vertreibungsliteratur alle literarischen Werke verstanden, die diesen Kriterien entsprechen. Eine Differenzierung der Autoren nach Beteiligten und Unbeteiligten wird dagegen nicht vorgenommen.

Mithilfe dieser Definition soll im nächsten Kapitel auf die zentralen Werke der tschechischen Literatur über die Vertreibung eingegangen werden.

---

[18] Vgl. Schaal, Björn: Jenseits von Oder und Lethe. Flucht, Vertreibung und Heimatverlust in Erzähltexten nach 1945 (Günter Grass – Siegfried Lenz – Christa Wolf). Trier 2006, S. 8.

[19] Vgl. Schaal 2006: S. 9.

4. Vertreibung in der tschechischen Literatur: Überblick und Forschungsstand

Während in der deutschsprachigen Literatur eine recht häufige Hinwendung zur Vertreibungsthematik festzustellen ist, spielte die literarische Darstellung der Vertreibung in der Tschechoslowakei und später in der Tschechischen Republik bis vor Kurzem eher eine geringere Rolle. Das ist darauf zurückzuführen, dass die Vertreibung der Deutschen aus dem Sudetenland in der Tschechoslowakei lange Zeit generell tabuisiert war. Gründe hierfür waren nicht nur politische, sondern unter anderem auch soziologische und psychologische, wie Václav Maidl in seiner Studie zur tschechischen Vertreibungsliteratur betont:

> Bei aller Überzeugung von „geschichtlicher Gerechtigkeit" (Vereinigung von dem Münchner- und dem Okkupationssyndrom) konnte man wohl das Bewusstsein von eigenen Fehlern bzw. eigener Schuld nicht völlig verdrängen: deshalb verdrängte man lieber das Thema an sich. [20]

Die generelle Tabuisierung hatte auch eine geringere Behandlung des Themas in der Literatur zur Folge. Doch obwohl viele Titel, die sich mit der Problematik der Vertreibung auseinandersetzten, erst nach der Samtenen Revolution [21] veröffentlicht werden konnten [22], gab es tschechische Vertreibungsliteratur bereits während der Zeit des Sozialistischen Realismus[23], während des Prager

---

[20] Maidl, Václav: Flucht und Vertreibung in der tschechischen Nachkriegsliteratur. In: Mehnert, Elke (Hg.): Landschaften der Erinnerung: Flucht und Vertreibung aus deutscher, polnischer und tschechischer Sicht. Frankfurt am Main 2001, S. 114-132, hier S. 117.

[21] Unter dem Begriff ‚Samtene Revolution' (tsch. *Sametová revoluce*) werden die gesellschaftlichen und politischen Umbruchprozesse in der Tschechoslowakei im November und Dezember 1989 verstanden, die zum Sturz des kommunistischen Regimes führten.

[22] Vgl. Neubert, Reiner: „Ich glaube, so ist es, wenn man stirbt..." Die Vertreibung von Deutschen aus der Tschechoslowakei als Thema neuerer tschechischer und deutscher Kinder- und Jugendliteratur. In: Müller, Heidy Margrit; Kennedy, Alistair (Hg.): Migration, Minderheiten und kulturelle Vielfalt in der europäischen Jugendliteratur. Bern 2001, S. 253-274, hier S. 259.

[23] Der tschechoslowakische ‚Sozialistische Realismus' (tsch. *socialistický realismus*) der Nachkriegszeit glich der gleichnamigen Kunstrichtung, die in der Sowjetunion herrschte: „[D]er Mensch wurde ausschließlich als ein Produkt der Gesellschaft gesehen, ein Vertre-

Frühlings und auch zur Zeit der Normalisierung[24]. In der Darstellung des The-Themas zu diesen Zeiten prävaliert jedoch oft ein schwarz-weißes Bild der Vertreibung, das auf nationalen Stereotypen und der offiziellen Parteilinie basiert. In den öffentlichen Diskussionen in der Tschechoslowakei war das Thema fest mit der kollektiven Schuld der Deutschen an den Grausamkeiten während des Zweiten Weltkrieges verbunden. Die Schicksale einzelner Betroffenen wurden in den öffentlichen Debatten so gut wie ganz ausgeblendet. Dasselbe gilt auch für die Darstellung des Themas in fiktionalen Werken. Diese – neben den offiziellen ideologischen Postulaten – formten die teilweise bis heute vorhandene Einstellung der tschechischen Bevölkerung zu den Ereignissen der vierziger Jahre. Nur während der schnell vorübergegangenen Zeiten der Zensurlockerung können die Werke entstehen, die von dieser klischeehaften Auffassung der Vertreibung abweichen.

Im Folgenden soll ein konziser Überblick über die tschechische Vertreibungsliteratur vermittelt werden.[25] Dabei wird vor allem auf die Frage eingegangen, wie die Vertreibung der Deutschen literarisch verarbeitet wurde, welche inhaltlichen Aspekte dieses Themas der Öffentlichkeit als besonders bedeutungsvoll präsentiert wurden und wie sich die in der Literatur fixierten Diskurse über die deutsch-tschechischen Beziehungen im Hinblick auf die Vertreibung im Laufe der Zeit änderten. Es werden exemplarisch die Werke präsentiert, in denen die Vertreibung der Deutschen eine zentrale Rolle spielt und die sich durch besonders spannende erzähltechnische und inhaltliche Elemente auszeichnen.

---

ter seiner sozialen Klasse. Gefordert war jetzt Parteilichkeit, d.h. eine ideologische Werthaltung im Sinne des herrschenden Regimes, und Volksnähe, d.h. allgemeine Verständlichkeit (anspruchsvollere Werke waren nicht zugelassen). Und so beschränkte sich die Funktion der Literatur aufs Plakative." (Holý 2003: S. 227)

[24] Der Begriff ‚Prager Frühling' (tsch. *Pražské jaro*) bezeichnet zwei entgegengerichtete Prozesse in der Tschechoslowakei im Frühling 1968: Zum einen steht er für die Reformversuche der Kommunistischen Partei, die den Regierungskurs liberalisieren und demokratisieren sollten. Zum anderen wird ‚Prager Frühling' mit dem Ende dieses Vorhabens durch den gewaltsamen Einsatz der Truppen des Warschauer Paktes verbunden. Die darauf folgende Periode der Wiederherstellung des politischen Systems der Tschechoslowakei nach dem sowjetischen Vorbild wird ‚Normalisierung' (tsch. *normalizace*) genannt. Vgl. Holý 2003: S. 292-297.

[25] S. dazu auch die Bibliographie im Anhang A, S. 95.

Als Paradebeispiel der tschechischen Vertreibungsliteratur wird oft der Roman *Nástup* (1951; dt. *Die ersten Schritte*) von Václav Řezáč genannt.[26] Doch bereits während der Protektoratszeit finden die ersten literarischen Auseinandersetzungen mit dem Thema der Vertreibung statt. Diese zunächst paradox klingende These (Vertreibungsliteratur vor der Vertreibung?) lässt sich dadurch erklären, dass die Unmöglichkeit eines weiteren Zusammenlebens mit Deutschen in der tschechischen Gesellschaft bereits nach dem Münchner Abkommen 1938 intensiv diskutiert wurde.[27]

Bereits im Spätsommer 1944 schließt der tschechische Autor František Kovárna die Arbeit an seinem Werk *Listy mrtvému příteli* ab (veröffentlicht 1945; dt. *Briefe an den toten Freund*). In der Form eines Briefromans thematisiert Kovárna darin das Verhältnis zwischen Deutschen und Tschechen am Beispiel zweier miteinander befreundeter Kunsthistoriker, die mithilfe der traditionellen nationalen Stereotype beschrieben werden. Der tschechische Protagonist schreibt einen langen Brief an seinen deutschen Kollegen, der sich nach anfänglichen Zweifeln den Nationalsozialisten anschließt, in den Krieg zieht und getötet wird. In seinem Brief stellt der Tscheche viele Fragen, die er auch an alle Deutschen stellen möchte. Letztendlich kommt der Protagonist zu dem Schluss, dass ein weiteres Leben mit den Deutschen nicht möglich sei, und er spricht sich für eine völlige Isolation Deutschlands von der Welt als Bestrafung aus. Zwar findet sich in diesem Roman keine direkte Darstellung der Vertreibung, doch dieses Werk zeigt, dass bereits vor dem Kriegsende eine gewisse antideutsche Rhetorik, Reflexionen über das Schicksal der Deutschen nach dem Krieg und Diskurse über ihre mögliche Aussiedlung in der tschechischen Literatur präsent waren.

1947 erscheint ein weiteres, heute ebenso wie *Listy mrtvému příteli* wenig bekanntes Werk der tschechischen Vertreibungsliteratur. Anna Sedlmayerovás Roman *Dům na zeleném svahu* (1947; dt. *Das Haus am grünen Hang*) repräsentiert als erstes Werk der Nachkriegsliteratur eine Rekonstruktion des Vertreibungsverlaufs. Im Roman wird die Vertreibung der Deutschen auf

---

[26] Vgl. Peroutková, Michaela: Literarische und mündliche Erzählungen über die Vertreibung. Ein deutsch-tschechischer Vergleich. Duisburg 2006, S. 47.

[27] Vgl. Neubert 2001: S. 257.

schockierende Weise geschildert; auch die Gewalt gegenüber den Deutschen wird deutlich artikuliert. Mehrere Stellen im Text, in denen die Gewalt gegenüber den Vertriebenen seitens der tschechischen Bevölkerung thematisiert wird, können die in der bohemistischen Forschung zur Vertreibungsliteratur verbreitete Meinung widerlegen, dass Themen wie Gewalt und Rache an der deutschen Zivilbevölkerung erst in den sechziger Jahren Gegenstand literarischer Auseinandersetzung wurden.[28] Es soll allerdings hier eingeräumt werden, dass die Darstellung der Gewalt in Sedlmayerovás Roman durch die Akzentuierung der nationalsozialistischen Verbrechen im Protektorat Böhmen und Mähren relativiert wird. So wird die Schuld an den Massenmorden in Lidice und Ležáky und in den Konzentrationslagern auch den Sudetendeutschen gegeben. Sedlmayerová greift damit bei der Beschreibung von Deutschen und Tschechen auf fest verankerte Denkmuster und traditionelle Stereotype zurück.[29] Erwähnenswert ist jedoch, dass auch solche Motive wie Unsicherheit der Tschechen gegenüber den Vertriebenen, ihre Selbstreflexionen und das intensive Nachdenken über das deutsch-tschechische Verhältnis vorkommen, auch wenn diese Überlegungen nur an wenigen Stellen im Text thematisiert werden. Es ist anzunehmen, dass gerade diese ambivalente Behandlung des 'sudetendeutschen Themas' in *Dům na zeleném svahu* ein Grund für die Kritik an Sedlmayerovás Werk war.[30]

Ein häufiges Motiv der tschechischen Nachkriegsliteratur, das eng mit dem Thema der Vertreibung zusammenhängt, ist die Besiedlung der Grenzlandgebiete, die einst von den Deutschen bewohnt waren. Hierbei geht es um den sogenannten tschechischen Kolonisationsroman:

> Es handelt sich dabei um eine der wichtigen Varianten des vom kommunistischen Regime besonders geschätzten sozialistisch-realistischen Aufbauromans, deren Hauptinteresse sich auf die Besiedlung des Grenzlands und die Kollektivierung des Eigentums in

---

[28] Vgl. Bock, Ivo: Das „sudetendeutsche Thema" in der tschechischen Literatur. Stereotype und Gegenstereotype. In: Osteuropa 53/2003, S. 77-93, hier S. 81.

[29] Vgl. Tomáš, Filip: Všechno tam na vás čeká! K dějinám české osidlovací literatury let 1947-1951. In: Zand, Gertraude; Holý, Jiří (Hg.): Vertreibung/Aussiedlung/Transfer im Kontext der tschechischen Literatur. Vyhnání/odsun/transfer v kontextu české literatury. Brno 2004, S. 76-87, hier S. 79.

[30] Vgl. Bock 2003: S. 80.

diesem Gebiet richtete. Die Vertreibung, so die explizite oder implizite Aussage dieser Romane, habe die nötigen Voraussetzungen hierfür geschaffen.[31]

Die literarische Verarbeitung dieses Prozesses lieferten beispielsweise der Roman *Země dokořán* (1948; dt. *Weites Land*) von Bohumil Říha oder ein weiteres Werk von Anna Sedlmayerová, *Překročený práh* (1949; dt. *Die überschrittene Schwelle*).

Das Grenzlandthema greift auch Václav Řezáč in dem bereits erwähnten Roman *Nástup* (1951) auf. Heutzutage wird das Werk als stark ideologielastig betrachtet, was eng mit der Biographie des Autors und der Erscheinungszeit des Romans zusammenhängt.[32] Die Vertreibung wird im Roman eher schematisch dargestellt, einigen wissenschaftlichen Analysen zufolge gehört sie gar nicht zum Hauptstrang des Romans.[33] Doch solche Topoi wie nationale Konflikte zwischen Deutschen und Tschechen, unterschiedliche Reaktionen auf das Kriegsende und die Tragödie des Heimatverlustes lassen es zu, Řezáčs Besiedlungsdrama der Vertreibungsliteratur zuzuordnen. Allerdings werden diese Topoi so geschickt mit den typischen Themen und Strategien des Sozialistischen Realismus verbunden, dass die Vertreibung der Deutschen aus der Tschechoslowakei nicht in Frage gestellt wird.[34] Interessant ist, dass sogar einige deutsche Figuren die Vertreibung als richtige Entscheidung einschätzen. Die Deutschen werden im Roman also nicht als homogene Gruppe dargestellt, es zählt vor allem ihre Bereitschaft, sich an die neuen, sozialistischen Verhaltensmuster anzupassen und dementsprechend zu handeln.

Neben der Mehrheit der Werke, die oft konsequent die offiziellen populären Geschichtsinterpretationen und politischen Diskurse unterstützt, wurden in den fünfziger Jahren in der Tschechoslowakei einige Romane veröffentlicht, die sich von der Dominanz des Sozialistischen Realismus zu lösen versuchen und deren

---

[31] Bock 2003: S. 78f.
[32] Vgl. Peroutková 2006: S. 46.
[33] Vgl. Zand, Gertraude: Václav Řezáčs *Nástup* – ein tschechischer Kolonialroman. In: Zand, Gertraude; Holý, Jiří (Hg.): Vertreibung/Aussiedlung/Transfer im Kontext der tschechischen Literatur. Vyhnání/odsun/transfer v kontextu české literatury. Brno 2004, S. 88-97, hier S. 92.
[34] Vgl. Brenner, Christiane: „Zwischen Ost und West". Tschechische politische Diskurse 1945-1948. München 2009, S. 273.

fiktionale Welten jenseits der etablierten Topoi der kollektiven Schuld und der Rechtfertigung der Vertreibung der Deutschen aus der Tschechoslowakei konstruiert werden. In der Novelle *Boží duha* (1955; dt. *Gottes Regenbogen*) des katholischen Autors Jaroslav Durychs etwa werden solche Themen wie eine mögliche Versöhnung zwischen Deutschen und Tschechen, bittere Reue und Verantwortung jedes Einzelnen für seine Taten behandelt.

Das Werk zeichnen neben der poetischen und metaphorischen Sprache auch die detaillierte Beschreibung der Gewalt und Tragik der menschlichen Existenz aus. Es wird außerdem viel mehr auf die Schicksale konkreter Figuren statt auf die historischen Tatsachen eingegangen.

Vergleichbare Themen wählt für sein literarisches Werk Karel Ptáčník aus. Im Roman *Město na hranici* (1956; dt. *Die Stadt an der Grenze*) problematisiert Ptáčník die Gewalt und das Böse im Menschen, ohne auf nationale Stereotype und gegenseitige Schuldzuweisung zurückzugreifen. Ähnlich wie Durych tritt Ptáčnik gegen alle Kanones der Nachkriegsstimmung auf, in seinem Roman sind auch ,böse Tschechen' und ,gute Deutsche' zu finden, wie von Václav Maidl betont wird:

> Ptáčník [...] byl schopen v zájmu pravdivého zobrazení českého osidlovaní pohraničí přeskočit svou národnost a ukázat i Čechy rabující, znásilňující, necouvl ani před scénou svévolného zastřelení pěti náhodně vybraných Němců jako odplaty za zavraždění Čecha – tedy scénou dobře známou z válečné literatury o zvěrstvech německé armády, zde jsou však nositeli záporného znaménka náhle Češi.[35]

> Ptáčník [...] gelang es, im Interesse der wahrheitsgetreuen Darstellung der tschechischen Besiedlung des Grenzlandes seine eigene Nationalität zu überwinden und auch plündernde, vergewaltigende Tschechen zu zeigen, er scheute nicht einmal vor der Darstellung einer Szene der willkürlichen Erschießung von fünf zufällig ausgewählten Deutschen als Racheakt für die Tötung eines Tschechen zurück – einer Szene, die uns eigentlich aus der Kriegsliteratur über die Gräueltaten der deutschen Armee bekannt ist, doch hier werden plötzlich die Tschechen zu den Trägern des negativen Charakters.[36]

Durch die Lockerung des Zensurregimes und die Steigerung des öffentlichen In-teresses an den tabuisierten Themen erlebt die tschechische Literaturszene in der

---

[35] Maidl, Václav: Zobrazení německy mluvících postav v české literatuře po roce 1945. In: Tvar 9/1993, S. 4-5, hier S. 4.

[36] Übersetzungen aus dem Tschechischen hier und im Folgenden, wo nicht anders gekenn-zeichnet, V.K.

zweiten Hälfte der sechziger Jahre einen spannenden Prozess des Zusammen-schmelzens der offiziellen und verbotenen Literatur.[37] Das gilt auch für die Ver-treibungsliteratur. Vor allem die Prosatexte von Vladimír Körner (*Adelheid*, 1967), Ota Filip (*Cesta ke hřbitovu*, 1968; dt. *Das Café an der Straße zum Friedhof*) und Josef Knap (*Cesty vybitých koní*, 1967; dt. *Wege der abgeschlachteten Pferde*) bilden in dieser Zeit die zentrale Zäsur in der tschechischen Literatur über die Vertreibung. In den genannten Werken gibt es deutliche Anzeichen für eine Veränderung des Vertreibungsbildes in der tschechischen Literatur und Kultur. In der Zeit des Prager Frühlings versuchen die Autoren, sich aus einer anderen Perspektive mit der eigenen Vergangenheit auseinanderzusetzen.[38] Die von Tschechen angewendete Gewalt wird nun nicht mehr durch die kollektive Schuld der Deutschen relativiert, sondern deutlich thematisiert und diskutiert. Neben den Darstellungen von Übergriffen, Vergewaltigungen und Morden an Deutschen werden auch Perspektiven und Probleme der Vertriebenen in ihrer neuen Heimat geschildert. Außerdem wird bewusst nach den Gründen der Gewalttätigkeit der Tschechen gegenüber den Deutschen gesucht. Dabei kommt die provokative These, „dass die Rache, welche die Tschechen 1945 an den Deutschen genommen haben, vielfach ein Versuch war, die eigene Untätigkeit oder Kollaboration mit den Okkupanten während des Protektorats zu kompensieren, sich gewissermaßen reinzuwaschen",[39] immer häufiger zum Vorschein.

Nach der Niederschlagung des Prager Frühlings und während der Zeit der Normalisierung entfernt sich das ‚sudetendeutsche Thema' allmählich nicht nur aus der Literatur, sondern auch aus der Öffentlichkeit. In den wenigen literarischen Werken, die offiziell publiziert werden dürfen, kehren die Stereotype der früheren Vertreibungsliteratur (u.a. die Relativierung der Gewalt der Tschechen und die negative Darstellung der Deutschen) zurück. Den offiziellen kulturellen Maßstäben entsprechend werden diese Gedanken auch in den literarischen Werken wieder eingesetzt und weitergeführt. Obwohl man die

---

[37]   Vgl. Holý, Jiří: Geschichte der tschechischen Literatur des 20. Jahrhunderts. Wien 2003, S. 252.
[38]   Vgl. Jungmann, Milan: Prózy o česko-německých vztazích. In: Literární noviny 4(29)/1993, S. 6.
[39]   Bock 2003: S. 89.

erzähltechnischen Strategien dieser Werke nicht mehr mit den plakativen (Maidl spricht hier sogar von den „primitiv vereinfachten"[40]) Mitteln der fünfziger Jahre vergleichen kann, bleiben doch die Aspekte in der Auseinandersetzung mit dem Thema Vertreibung in der offiziellen Literatur dieselben: „illusionäre Welten, in denen das Gute (d.h. das Progressive, Neue, d.h. Sozialistische) zuletzt trotz aller Hindernisse und Verwicklungen das Böse (d.h. das Konservative, Alte, d.h. nicht Sozialistische) doch besiegte."[41] Zu solchen Werken gehört beispielsweise die Romantrilogie *Malý muž a velká žena* (1982; dt. *Der kleine Mann und die große Frau*) von Věra Sládková.

Literarische Werke dieser Zeit, die die Geschichte der Vertreibung bzw. der Vertriebenen abseits der stereotypen Darstellungen beschreiben und deren offizielle Veröffentlichung in der Tschechoslowakei untersagt wird, werden oft im Samizdat oder im Exil publiziert, wie z.b. der Roman *Nanebevstoupení Lojzka Lapáčka ze Slezské Ostravy* (1974; dt. *Die Himmelfahrt des Lojzek aus Schlesisch Ostrau*)[42] von Ota Filip. Auf eine sehr unkonventionelle Weise, mithilfe phantastischer Elemente und Humors, distanziert sich der Autor nicht nur von den erlaubten vorgeschriebenen Deutungen der Vertreibung, sondern auch von den Schreibregeln und Erzählmustern der offiziellen Literatur:

> Ohne traditionelle Vorurteile in Betracht zu nehmen, relativiert demgemäß *Nanebevstoupení Lojzka Lapáčka* weitgehend die angebliche Schuldlosigkeit oder Opferrolle beider Nationalitäten. Mit seiner dehierarchisierten, anti-ideologischen Perspektive verzichtet er auf die plakativ-plumpen Oppositionen ‚Opfer' versus ‚Täter', ‚wir' versus ‚sie', ‚gut' versus ‚böse'[...].[43]

Nach dem politischen Umbruch 1989 kann das tabuisierte und oft funktionalisierte Thema der Vertreibung in der tschechischen Literatur wieder neu aufgegriffen und verarbeitet werden. Durch die Aufhebung der Zensur können mehrere Werke veröffentlicht werden, die bis dahin nur durch den Sam- und

---

[40]   Maidl 2001: S. 120.
[41]   Maidl 2001: S. 120.
[42]   In deutscher Sprache erschien der Roman in zwei Teilen: *Die Himmelfahrt des Lojzek aus Schlesisch Ostrau* und *Zweikämpfe*. Mehr zum Roman vgl. Holý, Jiří: Ota Filips Lojzek-Lopáček-Roman. In: Zand, Gertraude; Holý, Jiří (Hg.): Vertreibung/Aussiedlung/Transfer im Kontext der tschechischen Literatur. Vyhnání/odsun/transfer v kontextu české literatury. Brno 2004, S. 107-124.
[43]   Holý 2004: S. 123.

Tamizdat bekannt wurden. Das Thema der Vertreibung wird somit wiederentdeckt und wiederbelebt. So erscheint *Pátým pádem* (dt. *Unangenehme Geschichte*) von Václav Vokolek erst 1996, obwohl die beiden Erzählungen bereits in den siebziger Jahren geschrieben wurden. Die Handlung des Werkes spielt im Sudetenland, es werden darin die wechselhaften Beziehungen zwischen Tschechen und Deutschen thematisiert. 1992 erscheint der Roman *Cejch* (1992; dt. *Unterm Mittagstein*) von Zdeněk Šmíd, in dem ein ähnliches Thema behandelt wird. In einer narratologisch anspruchsvollen Weise werden im Roman die Meilensteine der deutsch-tschechischen Geschichte im Grenzraum des Erzgebirges in Szene gesetzt, wobei ein größerer Teil des Romans der Vertreibung der Deutschen und deren Konsequenzen gewidmet wird. Auch für das Œuvre Pavel Kohouts spielt das Vertreibungsthema eine große Rolle: In den Romanen *Katyně* (1990; dt. *Die Henkerin*) und *Hvězdná hodina vrahů* (1995; dt. *Sternstunde der Mörder*) artikuliert der Autor deutlich die Gewalt der Tschechen gegenüber den Deutschen.

In der neuesten tschechischen Literatur tritt das Thema der Vertreibung mit immer größerer Vehemenz auf. Es werden nicht nur neue Inhalte aufgegriffen, sondern auch Formen: So stellt Radek Fridrich mit seinem Gedichtband *Řeč mrtvejch* (2001; dt. *Die Totenrede*) beinahe eine Ausnahme in der tschechischen Literatur zur Vertreibung dar, die sonst eher in der epischen Form (vor allem als Novelle oder Roman) verfasst wird.

Zu den weiteren bedeutenden Werken der letzten Zeit, die eine neue Sicht der Vertreibung erkennen lassen, gehört die Novelle *Habermannův mlýn* (2001; dt. *Habermanns Mühle*) von Josef Urban. Die darin thematisierten Schulddiskurse werden ohne nationale Stereotype und Klischees dargestellt: Die nationalsozialistischen Verbrechen während der Zeit des Protektorats Böhmen und Mähren werden in der Novelle genauso problematisiert wie die Gewaltorgien während der Vertreibung. Ähnliche Themen greift Jiří Hanibal in seinem Roman *S pečetí viny* (2006; dt. *Der Schuldstempel*) auf.

In eine andere thematische Richtung geht Radka Denemarková: In ihrem Roman *Peníze od Hitlera* (2006; dt. *Ein herrlicher Flecken Erde*) schildert die Autorin die Geschichte einer deutschsprachigen Jüdin, die mit Hass und Gewalt seitens der tschechischen Bevölkerung konfrontiert wird. Zu den zentralen

Themen im Roman gehört außerdem die Erfahrung eines Heimatverlustes und der Rückkehr in die alte Heimat, die in der deutschsprachigen Vertreibungs-literatur seit ihrer Entstehung eine wichtige Rolle spielt. Nun scheint die Thematik auch in der tschechischen Literatur angekommen zu sein: Das Motiv des Heimatverlustes hebt die slowakische Autorin Anna Zonová in ihrem in tschechischer Sprache verfassten Roman *Za trest a za odměnu* (2008; dt. *Zur Strafe und zur Belohnung*) hervor. Sie kehrt darin retrospektiv zu den Nachkriegsjahren im mährischen Gebiet zurück und analysiert, wie historische Ereignisse das Leben einer Familie verändern können.

Ein weiteres Werk, das in der Tschechischen Republik für Aufsehen gesorgt hat, ist der Roman *Vyhnání Gerty Schnirch* (2009) von Kateřina Tučková, der im Rahmen dieser Studie untersucht wird.

Charakteristisch für die neueste tschechische Vertreibungsliteratur ist vor allem thematische Breite und differenzierte Darstellung der Figuren. Es wird nicht mehr auf die nationalen Stereotype zurückgegriffen, sondern auf die individuellen menschlichen Schicksale eingegangen. Während in den literarischen Werken vor der Samtenen Revolution die Opposition ‚guter Tscheche' – ‚böser Deutscher' oft zu finden war, zeigen die neuesten Tendenzen eher ein gegenteiliges Bild. Autoren, die der jüngeren Generation angehören, gehen auf die immer noch tabuisierten Bereiche tschechischer Geschichte ein: problematische Beziehungen zwischen Deutschen und Tschechen, Gewalt und Rache seitens der tschechischen Bevölkerung usw. So lässt sich feststellen, dass die Aufarbeitung der Vertreibung noch nicht abgeschlossen ist und gerade für die heutige Zeit als sehr wichtig erscheint.[44]

Als Zwischenfazit für das Gesagte kann man die tschechische Literatur, die sich mit solchen Themen wie dem Verlauf der Vertreibung der Deutschen und die Darstellung der damit verbundenen Erfahrungen, traumatischen Erlebnissen und Verlusten auseinandersetzt, an dieser Stelle vier unterschiedlichen Schaffensperioden zuordnen:

1.   In der zweiten Hälfte der vierziger Jahre und in den fünfziger Jahren ent-stehen die ersten Reaktionen auf die Vertreibung, mit denen die Schicksale der

---

[44]   Vgl. Janoušek, Pavel: Svědectví nejen o Gertě Schnirch. In: HOST 9/2009, S. 61-62, hier S. 61.

Deutschen eher allgemein und klischeehaft beschrieben wurden. Besonders in den Texten, die als Kolonisations- bzw. Aufbauromane bezeichnet werden, wird das Bild der Vertreibung pauschalisiert und polarisiert dargestellt. Die Notwendigkeit der Vertreibung wird oft durch den kollektiven Verrat der Sudetendeutschen und die Betonung der Verbrechen der Nationalsozialisten in der Zeit des Protektorats Böhmen und Mähren begründet und relativiert. Nur am Rande, in den ausgewählten Texten dieser Periode, kommen die bis heute problematischen Themen wie Gewalt der Tschechen und Diskussionen über die Gründe der nationalen Auseinandersetzungen zum Vorschein.

2.   Erst in den sechziger Jahren kann es zu einer grundlegenden Änderung der tschechischen Literatur über die Vertreibung kommen. Neben den öffentlichen Debatten und medialen Präsentationen zu diesem Thema werden auch mehrere literarische Werke veröffentlicht, in denen ein rasanter Paradigmenwechsel im Vergleich zur Literatur der vierziger und fünfziger Jahre festzustellen ist. Hervorgehoben werden in diesen Werken außer der intensiven Beschäftigung mit der möglichen eigenen Schuld an den nationalen Konflikten auch solche Motive wie Misshandlungen und Morde an den deutschen Zivilisten. Viele Autoren beziehen in dieser Zeit eine klare Stellung gegen die Stereotypisierung des historischen Geschehens und für die Aufarbeitung bzw. Umwertung der Vergangenheit.

3.   Die Unterdrückung des Prager Frühlings markiert – mit nur wenigen Ausnahmen – den Beginn einer Schweigeperiode in der offiziellen tschechischen Vertreibungsliteratur. Literarische Texte zum Thema Vertreibung, die in dieser Zeit offiziell publiziert werden dürfen, zeichnen sich durch die Rückkehr der stereotypen Denkmuster aus. Die kritische Auseinandersetzung mit dem Thema konnte im Laufe der ganzen Periode der Normalisierung lediglich in der Samizdat- oder Exilliteratur fortgesetzt werden.

4.   Seit dem Fall des Kommunismus ziehen nicht nur inhaltlich-thematische Tendenzen in der tschechischen Vertreibungsliteratur (wie z.B. Motiv der Rückkehr der Deutschen in die neue Heimat, selbstkritische Töne zum Verhalten des eigenen Volkes, besondere Hervorhebung des Einzelschicksals der Vertriebenen usw.) die Aufmerksamkeit auf sich, sondern auch die differenzierten erzähltechnischen Strategien.

Man kann also in der tschechischen Literatur eine vielfältige Breite an verschiedenen Darstellungsmöglichkeiten zum untersuchten Thema feststellen. Texte unterschiedlicher Art, vor allem jedoch Romane und Novellen, seltener Lyrik, versuchen, die Geschehnisse des historischen Prozesses, der gemeinhin als ‚Vertreibung' bezeichnet wird, und das Erinnern daran zu verarbeiten und zu vermitteln.

Bei der Betrachtung des Forschungsstandes zur tschechischen Vertreibungsliteratur lässt sich jedoch schnell erkennen, dass das Thema im bohemistischen literaturwissenschaftlichen Diskurs bislang nur von marginaler Bedeutung war. Im Vergleich zur Germanistik, wo diese Lücke nach und nach geschlossen wird, widmen sich die bohemistischen Studien nur selten der allgemeinen Problematik der Vertreibung. Auch bei mehreren konkreten literarischen Werken zum Thema Vertreibung handelt es sich um ein unerforschtes Terrain. Václav Maidl sieht die Ursachen des Desinteresses der Bohemistik an der Vertreibungsliteratur neben der politischen Atmosphäre und der Zensur in der kommunistischen Tschechoslowakei auch in der fehlenden Imagologie der tschechischen Literaturwissenschaft:

> Die Beschäftigung mit dem Bild anderer Nationen und Volksgruppen in der tschechischen Literatur steht in der tschechischen Literaturwissenschaft erst am Anfang. Die Ergebnisse dieser Beschäftigung sind deshalb eher spärlich und bestehen nur aus einzelnen in der tschechischen Sprache geschriebenen und isoliert publizierten Beiträgen.[45]

Tatsächlich setzte sich die bohemistische Literaturwissenschaft – von wenigen Ausnahmen abgesehen – in der Vergangenheit nur sporadisch mit der Flucht- und Vertreibungsliteratur auseinander. Erst in der letzten Zeit findet eine intensive Beschäftigung mit der tschechischen Literatur zum Thema Vertreibung statt. So wurden im von Elke Mehnert editierten Aufsatzband *Landschaften der Erinnerungen. Flucht und Vertreibung aus deutscher, polnischer und tschechischer Sicht* (2001) auch einige Beiträge zum Thema Vertreibung in der tschechischen Literatur publiziert.

Mit den ausgewählten Problemen der tschechischen Vertreibungsliteratur beschäftigt sich außerdem der zweisprachige Sammelband *Vertreibung/Aussied-*

---

[45]   Vgl. Maidl 2001: S. 117.

30

lung/Transfer im Kontext der tschechischen Literatur. Vyhnání/odsun/ transfer v kontextu české literatury, der im Rahmen eines internationalen Symposiums im Jahr 2004 in Wien entstand. Interdisziplinär setzt sich der Band mit der Vertreibung aus historischer, ethnologischer, psychologischer und auch literaturwissenschaftlicher Sicht auseinander.

Nennenswert ist an dieser Stelle außerdem die Monographie von Martina Peroutková *Vyhnání. Jeho obraz v české a německé literatuře a ve vzpomínkách* (dt. *Literarische und mündliche Erzählungen über die Vertreibung. Ein deutsch-tschechischer Vergleich*). Ihre komparatistische Arbeit aus dem Jahr 2006 widmet Peroutková den ausgewählten deutschsprachigen und tschechischen Werken zum Thema Vertreibung. Die Vertreibungsliteratur und die damit verbundenen literaturwissenschaftlichen Diskurse werden hier zwar nicht näher definiert und ausdiskutiert, doch die Relevanz der Aufarbeitung der Vertreibungsthematik wird an mehreren Stellen betont:

> Die Vertreibung als historisches Ereignis gehört zur individuellen und kollektiven Erfahrung sowohl der Tschechen, als auch der Deutschen, sie ist also im kollektiven Bewusstsein beider Gruppen vorhanden, wird von ihnen jedoch unterschiedlich verstanden und verarbeitet. Die Interpretation dieses Ereignisses stellt daher bis heute in den deutsch-tschechischen Beziehungen ein kontroverses Thema dar.[46]

Peroutková geht nicht auf die terminologischen Besonderheiten der Vertreibungsliteratur ein und bietet außerdem keinen Überblick über die Haupttendenzen der tschechischen und der deutschsprachigen Vertreibungsliteratur. Darin sieht auch die Kritik die methodologische Schwierigkeit dieser Arbeit.[47]

Resümierend lässt sich feststellen, dass die Vertreibung in der tschechischen Literatur auf verschiedene Weise dargestellt wurde und wird: von den tschechischen Kolonisationsromanen der fünfziger Jahre, in denen oft ein schwarz-weißes Bild der Vertreibung mit ,guten Tschechen' und ,schlechten Deutschen' postuliert wird,[48] bis zur Prosa der Gegenwart, die das ganze ,Sude-

---

[46] Peroutková 2006: S. 4.

[47] Vgl. Šafařík, Petr: Die Vertreibung und Aussiedlung in der tschechischen und deutschen Literatur und Erinnerung. In: Acta Universitatis Carolinae. Studia territorialia 10/2010, S. 12.

[48] Bock 2003: S. 77.

tenthema' unter einem kritischen Blickwinkel betrachtet und die Vertreibung mit ihren Konsequenzen am Schicksal einzelner Figuren situiert. Viele der Texte über die Flucht und Vertreibung der deutschen Bevölkerung haben das Interesse des breiten Publikums gefunden und lösen bis heute zahlreiche Diskussionen aus. Der Umfang der literaturwissenschaftlichen Publikationen zu dieser Literatur bleibt jedoch nach wie vor überschaubar.

5. *Vyhnání Gerty Schnirch* von Kateřina Tučková: Kurze Darstellung der Autorin und des Romans

Die 1980 in Brünn geborene Kateřina Tučková, Kuratorin der Galerie der klassischen bildenden Künste ART und Kunsthistorikerin, ist auf literarischem Terrain keine unbekannte Persönlichkeit. Bereits 2006 debütierte sie mit der Novelle *Montespaniáda* (dt. *Montespaniade*), 2008 wurden ihre Erzählung *Poslední večer* (dt. *Der letzte Abend*) und die Biographie *Můj otec Kamil Lhoták* (dt. *Mein Vater Kamil Lhoták*) veröffentlicht. 2012 erschien ihr zweiter Roman, *Žítkovské bohyně* (dt. *Göttinnen von Schitkowa*).

Mit *Vyhnání Gerty Schnirch* veröffentlicht Tučková ihren ersten Roman. 2009 erscheint er im Brünner Verlag HOST und gewinnt sofort die Aufmerksamkeit der tschechischen und internationalen (vor allem aber der deutschsprachigen) Medien. Im Jahr 2001 bekommt der erfolgreiche Roman den tschechischen Literaturpreis *Magnesia Litera*. Ein wichtiger Grund für den Erfolg des Romans ist das provokative Thema – die Vertreibung der Deutschen aus der mährischen Stadt Brünn, die unter der Bezeichnung ‚Brünner Todesmarsch‘[49] in die Geschichte einging, und die Folgen der Vertreibung für die Betroffenen. Die Motivation für den Roman fand Kateřina Tučková, wie sie selbst sagt[50], in Gesprächen mit dem Brünner Historiker David Kovařík. Tučková, die in Brünn aufgewachsen ist und dort das Gymnasium und später die Universität besucht hat, wusste laut ihrer Aussagen zu ihrer eigenen Überraschung bis zu ihrem Treffen mit Kovařík nichts über die Vertreibung der Deutschen aus Brünn. Erst der Umzug in die Straße Bratislavská in Brünn, jene

---

[49] Unter dem Begriff ‚Brünner Todesmarsch‘ (tsch. *brněnský pochod smrti*) wird die Vertreibung der deutschen Bevölkerung (vor allem Frauen, Kinder und älterer Personen, insgesamt 27.000 Menschen) aus der Stadt Brünn durch einen Fußmarsch über die mährische Gemeinde Pohrlitz (tsch. *Pohořelice*) bis nach Wien verstanden, die am 31.05.1945 begann. Dieses Ereignis wird in der Historiographie als Teil der sogenannten ‚wilden Vertreibung‘ konzipiert, die von den tschechischen Arbeitern der ‚Brünner Waffenwerke‘ (tsch. *Československá Zbrojovka*) durchgeführt wurde. Der Verlauf der Vertreibung zeichnete sich durch extreme Gewaltanwendung und Brutalität aus. Die Zahl der Opfer ist bis heute unklar und die Angaben variieren von mehreren hundert bis zu 8.000.

[50] Vgl. hierzu das Gespräch vom 20.02.2012 mit Kateřina Tučková, s. Anhang B, S. 97.

Gegend, in der viele Deutsche vor der Vertreibung gewohnt hatten, trug zur Entwicklung ihres Interesses an dem Thema bei. Tučková beschäftigte sich intensiv mit den historischen Quellen der Vertreibung, sie stellte zudem den ‚Brünner Todesmarsch' selbst mit mehreren Interessenten nach, um die Nacht zum 31. Mai 1945 zu rekonstruieren und nachempfinden zu können.

Vyhnání Gerty Schnirch wurde von vielen Kritikern als historischer Roman, eine Art Vergangenheitsbewältigung zum früher tabuisierten und oft funktional ideologisierten Thema verstanden. So schreibt Veronika Košnarová im Zusammenhang mit diesen kritischen Stimmen:

Někteří recenzenti hodnotí (a nutno upřesnit: kritizují) ideologické vyznění románu, totiž popření existence německé kolektivní viny, která je u Tučkové nahrazena činy a odpovědností jednotlivců.[51]

Einige Rezensenten betonen (und man muss hier präzisieren: kritisieren) die ideologischen Aspekte des Romans, nämlich die Verneinung der Kollektivschuld der Deutschen, die bei Tučková durch die Taten und Verantwortung einzelner Personen ersetzt wird.

Diskutiert wurde außerdem der Bezug des Romans zur Wirklichkeit, ein umstrittener Aspekt, mit dem allerdings bei Literatur, die sich mit den historischen Ereignissen auseinandersetzt, zu rechnen ist.[52] Dabei betonte die Autorin selbst in mehreren Interviews, dass es im Falle dieses Romans um eine ‚historische Fiktion' gehe: „Můj román však rozhodně není příspěvek na téma: jak to doopravdy bylo."[53] („Mein Roman ist jedenfalls kein Beitrag zum Thema, wie es tatsächlich geschah.")

Die Beschreibung des ‚Brünner Todesmarsches' nimmt im Roman einen Schwerpunkt ein, doch nicht nur die Verbrechen während der Vertreibung der Deutschen aus der Tschechoslowakei stehen im Vordergrund des Romans, sondern auch das Leben nach der Katastrophe. Tučková sucht weder nach den Schuldigen, noch versucht sie, eine bestimmte Seite zu vertreten und zu exkul-

---

[51]   Košnarová, Veronika: Za přečtení stojí…Kateřina Tučková: Vyhnání Gerty Schnirch. In: Český jazyk a literatura 60/2009-2010, S. 237-240, hier S. 240.
[52]   Vgl. Horák, Ondřej: Kojence odhazovaly do polí. In: Lidové noviny 90/2009, S. 10.
[53]   Horáčková, Alice: Spisovatelka Tučková: Odsun? To je téma na román. Online verfügbar unter: http://kultura.idnes.cz/spisovatelka-tuckova-odsun-to-je-tema-na-roman-fqm-/literatura.aspx?c=A091015_091723_literatura_jaz.

pieren. Die Autorin ist jedoch nicht der Ansicht, dass alle Deutschen für die Verbrechen des nationalisozialistischen Regimes verantwortlich seien.

Nicht zuletzt aufgrund des umstrittenen Themas fielen die tschechischen Rezensionen ziemlich differenziert aus. So betont etwa Jana Štillerová in Bezug auf *Vyhnání Gerty Schnirch*, dass es darin primär um die Ablehnung der Kollektivschuld der Deutschen gehe. Diese Meinung vertritt auch Veronika Košnarová in ihrer Rezension.[54] Andere Rezensenten betrachten jedoch dieses in Tschechien gerade aktuelle Thema als problematisch. So kritisiert Jiří Peňás in Bezug auf den Roman *Vyhnání Gerty Schnirch* die jüngsten Entwicklungstendenzen der tschechischen Vertreibungsliteratur:

[N]elze [se] zbavit dojmu, že ono téma se stalo téměř obligátním, že ovládlo značnou část beletristické produkce a proměnilo se v jisté moralistní a konjunkturální klišé: už zase ti ubozí Sudeťáci, kterým ti strašní Češi vedení zbabělým Benešem provedli to hrozné příkoří. Pomalu se zdá, že místo poválečného pokrokového románu „osidlovacího", jehož klasikou je Řezáčův román *Nástup* a jenž ukazoval, jak německý element musel po právu odtáhnout a jak si s tím zdravý český živel čestně poradil, vzniká nový typizovaný útvar, reakční román „vysídlovací", který naopak ukazuje, jak si to německý element nezasloužil a jak to amorální Češi po všech směrech zbabrali – a ještě si to nechtějí přiznat [...].[55]

Man wird den Eindruck nicht los, dass dieses Thema beinahe zu einem obligatorischem wurde, dass es einen bedeutenden Teil der belletristischen Produktion erlangte und sich zu einem gewissen moralischen und konjunkturellen Klischee entwickelte: Schon wieder diese armen Sudetenleute, denen diese schrecklichen Tschechen, vom feigen Beneš geführt, dieses furchtbare Unrecht angetan haben. Anstelle des progressiven Kolonisationsromans der Nachkriegszeit, dessen klassischer Vertreter der Roman *Nastup* von Řezáč ist und der zeigte, wie das deutsche Element standrechtlich abmarschieren musste und wie sich das gesunde tschechische Element dabei zu helfen wusste, entsteht eine neue typisierte Form, der reaktionäre Roman über die „Aussiedlung", der im Gegenteil zeigt, dass dieses deutsche Element sich das Ganze nicht verdient hat und dass die amoralischen Tschechen es komplett vemasselt haben, was sie heute nicht einmal zugeben wollen [...].

In der deutschsprachigen Kritik wurden der Roman und die von ihm aufs Neue ausgelöste Welle der Vertreibungsdiskurse dagegen überwiegend positiv aufgenommen. Beinahe euphorisch reagierte die Kritik auf den Roman, obwohl

---

[54] Košnarová 2009-2010: S. 241.
[55] Peňás, Jiří: Mladá žena a tzv. odsun. Online verfügbar unter: http://katerina-tuckova.cz/recenze-Vyhnani-Gerty-Schnirch-Lidovky-3.html.

die deutsche Übersetzung *bis dato* noch in Bearbeitung ist. So würdigt Milena Oda in ihrer Rezension vor allem die „sprachlich rührende Choreografie".[56] Auch im deutschsprachigen Bericht von Iris Riedel in Radio Prag wird der Roman von Tučková positiv beurteilt.[57]

Diese konträren Stimmen der Literaturkritik lassen eine fundierte literaturwissenschaftliche Untersuchung des Textes umso spannender erscheinen. Außerdem gehen nur wenige Kritiker auf die textimmanenten Eigenschaften des Romans ein, was allerdings aufgrund des provokativen Themas des Romans, dem die volle Aufmerksamkeit auch seitens der Literaturwissenschaftler gewidmet wird, nachvollziehbar ist. Bei der Textanalyse im folgenden Kapitel werden deswegen vor allem die bereits erwähnten Rezensionen von Viktoria Košnarová und von Jana Štillerová berücksichtigt, die den literarischen Qualitäten des Romans gewidmet sind. Unter den Interviews zu Tučková, die vorrangig für den interpretatorischen Teil der Studie von Interesse sind, sind folgende von Belang: das Interview der elektronischen Ausgabe der Zeitung *Mladá Fronta Dnes* vom 15.10.2009,[58] das Gespräch mit Radio Prag vom 18.10.2009[59] und auch das von der Verfasserin dieser Arbeit am 20.02.2012 in Prag geführte Gespräch mit Kateřina Tučková, das im Anhang zu finden ist.

---

[56] Oda, Milena: „Die Vertreibung der Gerta Schnirch": Kateřina Tučkovás erzählt vom Leben am Rand der tschechischen Gesellschaft. Online verfügbar unter: http://www.berlinerliteraturkritik.de/detailseite/artikel/die-vertreibung-der-gerta-schnirch.html.

[57] Riedel, Iris: Junge tschechische Autorin schreibt Roman über Todesmarsch von Brünn. Online verfügbar unter: http://www.radio.cz/de/rubrik/tagesecho/junge-tschechische-autorin-schreibt-roman-ueber-todesmarsch-von-bruenn.

[58] Horáčková, Alice: Spisovatelka Tučková: Odsun? To je téma na román. Online verfügbar unter: http://katerina-tuckova.cz/rozhovor-iDnes.html.

[59] Faltýnek, Vilém: O brněnské dívce jménem Gerta Schnirch. Online verfügbar unter: http://www.radio.cz/cz/rubrika/knihy/o-brnenske-divce-jmenem-gerta-schnirch.

6. Textanalyse

In diesem Kapitel wird der Roman in den Bereichen Aufbau, Figurenkonstellation, Erzählsituation und Stil untersucht. Ziel dieser Analyse ist – neben der Erörterung der erzähltechnischen Besonderheiten des Textes – ein Gerüst für die im nächsten Kapitel folgende Interpretation des Vertreibungsbildes in Tučkovás Roman zu gewinnen.

6.1 Theoretische Vorüberlegungen

Die hier zu bewältigende Aufgabe erweist sich allein aufgrund der Fülle der literaturwissenschaftlichen Methoden zur Textanalyse als komplex. Für die Untersuchung des Romans *Vyhnání Gerty Schnirch* zeigten vor allem folgende erzähltechnische Kategorien große Relevanz: kompositorische Elemente wie Aufbau und Figurenkonstellation, Erzählperspektiven, Darstellung der Zeit und des Raums und sprachliche Besonderheiten des Textes. Der Roman soll im Folgenden diesen Kategorien entsprechend Schritt für Schritt untersucht werden.

Die Ausführungen basieren vor allem auf den erzähltheoretischen Ansätzen von Wolf Schmid, die in seiner Monographie *Elemente der Narratologie*[60] fixiert sind. An einigen Stellen der Untersuchung werden auch weitere literaturwissenschaftliche Ansätze verwendet, wie beispielsweise die Multiperspektivitätstheorie von Vera und Ansgar Nünning. Diese Ansätze sollen in erster Linie eine Antwort auf die Frage geben, wie der Roman narratologisch strukturiert ist.

6.2 Kompositorische Aspekte des Romans

In diesem Abschnitt der Arbeit wird der Roman im Hinblick auf Aufbau und Figurenkonstellation untersucht. In Anbetracht der Aktualität des Romans wird hier auch der Inhalt wiedergegeben. Für den weiteren Verlauf der Analyse ist jedoch zunächst wichtig, die Prinzipien des Zusammenspiels von Fiktionalität und Faktizität in literarischen Werken zu diskutieren. Aufgrund der offensichtlichen Bedeutung dieser Diskussion im Hinblick auf den Roman wird

---

[60] Schmid, Wolf: Elemente der Narratologie. Berlin 2005.

hier also auf die fiktionstheoretische Problematik in *Vyhnání Gerty Schnirch* eingegangen.

6.2.1 Das Zusammenspiel zwischen Fiktionalem und Faktualem

Literarischen Werken, die sich mit historischen Ereignissen beschäftigen, wird regelmäßig vorgeworfen, sie verzerrten die Realität durch die Fiktivität des Erzählten. Auf der anderen Seite wird unter Historikern und Literaturwissenschaftlern oft diskutiert, ob es eine klare Abgrenzung der Historiographie von der erzählenden Literatur überhaupt geben könne. Besonders in der interdisziplinären Literaturforschung wird diese Frage positiv beantwortet, obwohl das Bestehen eines potenziellen Unterschiedes des Wahrheitsanspruches und Wirklichkeitsbezuges zwischen den historiographischen und literarischen Texten immer betont wird. Auch im Roman *Vyhnání Gerty Schnirch* werden historische Fakten (Vertreibung der Deutschen aus der Stadt Brünn, Prager Frühling, Zeit der Normalisierung usw.) mit Fiktion verknüpft.

Wie bereits erwähnt, orientierte sich Tučková beim Schreiben des Romans an den offiziellen Quellen und an den historischen Ereignissen, Zeitpunkten und Orten, was für einen verantwortungsvollen Umgang mit dem schmerzhaften Kapitel der deutsch-tschechischen Geschichte spricht. Die unmittelbar genannten Städtenamen (Städte Brünn, Pohrlitz, Wien), das Zitieren historischer Dokumente (z.B. Beneš-Reden, Hitler-Reden), der Versuch, die politischen, ökonomischen und sozialen Verhältnisse in der Tschechoslowakei möglichst realistisch darzustellen, kann dabei das Gefühl der Authentizität beim Leser bestätigen. Andererseits werden im Rahmen des Geschehens *fiktive* Personen und ihre *fiktiven* Geschichten beschrieben. Heißt dies auch etwa, dass es sich im Roman *Vyhnání Gerty Schnirch* um eine Verschmelzung von Fakten und Fiktion handelt? Eine Antwort darauf liefert Wolf Schmid in seinem Werk *Elemente der Narratologie*. Fiktionalität ist für Schmid „[e]ines der Grundmerkmale des künstlerischen Erzähltextes".[61] Dadurch, dass die in einem künstlerischen Werk dargestellte Wirklichkeit fiktiv ist, können die darin beschriebenen Geschichten, Orte und Personen nicht als real bezeichnet werden, sogar wenn sie in der realen

---

[61] Schmid 2005: S. 32.

Welt existieren: „Die Fiktivität der Personen macht auch die *Situationen* fiktiv, in denen sie sich befinden, und die Handlungen, an denen sie teilhaben."[62] Das heißt, dass Orte und Ereignisse in einem literarischen Werk auch dann als fiktiv bezeichnet werden können, wenn sie anhand offizieller historischer Dokumente als real existierend nachgewiesen werden können. Die literarische Fiktion entsteht im Text durch die Kombination aus Fakten und freien Erfindungen des Autors, der den geschichtlichen Stoff nach seiner Intention bearbeiten und verändern kann. Diese explizite Fiktivität gilt im untersuchten Roman sowohl für die frei erfundenen Figuren wie z.b. Gerta Schnirch und Karel Němec als auch für die historischen Figuren wie Hitler oder Beneš. Die Erwähnung der realen Personen, Orten und Zeiten bezieht sich nicht auf die Realität.[63] Fiktionale Figuren, ebenso wie die fiktionalen Aussagen, sind nur innerhalb des Romans wahrheitsgetreu. Das betrifft auch die im Roman zitierten Zeitungsberichte, politische Reden und dergleichen.

Zusammenfassend für diesen Punkt lässt sich also sagen, dass Verwendung von Straßen-, Orts- und historischen Personennamen sowie die Darstellung der zeitgenössischen Fakten, die vor allem durch das intensive Quellenstudium der Autorin erarbeitet wurden, einen hohen Grad an Authentizität des Erzählten schafft. Tučková geht es jedoch nach ihren eigenen Aussagen nicht darum, die historische Wirklichkeit wahrheitsgetreu wiederzugeben, sondern um die Verarbeitung des Themas der Vertreibung in einer Art und Weise, wie sie nur in der Literatur möglich ist. Auch in dieser Arbeit soll der Roman nicht als Versuch verstanden werden, eine detaillierte Beschreibung der Vertreibung der Deutschen und der Folgen der Vertreibung zu liefern, sondern vielmehr als eine Art Schlüssel zu den Konzepten und Vorstellungen der Vertreibung in der modernen tschechischen Literatur. Die literarischen Mittel und Strategien, mit deren Hilfe die Autorin die Geschichte narrativ konstruiert, sind damit im

---

[62] Schmid 2005: S. 44.
[63] Laut Schmid verweisen solche Elemente des fiktiven Textes nicht einmal auf die außertextlichen Referenten, sondern „beziehen sich nur auf innertextliche Denotate der jeweiligen dargestellten Welt". (Schmid 2005: S. 42) Es geht hier jedoch nicht um eine völlige Textimmanenz solcher Elemente: „Die thematischen Einheiten, die als Elemente in die fiktive Welt gehen, können aus der realen Welt bekannt sein [...]". (Ebd.)

Rahmen dieser Studie von größerer Bedeutung als die Frage nach der ‚histori-
‚historischen Wahrheit'.

6.2.2 Inhaltsangabe

Vyhnání Gerty Schnirch stellt eine Antwort auf die in der Literatur häufig
vorkommende Frage dar, wie historisch traumatische Ereignisse das Schicksal
eines Menschen beeinflussen können.[64] Konkret geht es im Roman um die
persönliche Tragödie einer jungen Frau aus Brünn, die als Halbdeutsche und
Halbtschechin nach Kriegsende aus der Tschechoslowakei vertrieben werden
soll. Da der Roman ein relativ neues Werk darstellt, ist es im Rahmen dieser
Studie nötig, seinen Inhalt kurz wiederzugeben.

Das Trauma und die persönliche Tragödie der Protagonistin des Romans,
Gerta Schnirch, beginnen lange bevor es zur Vertreibung kommt. 1939 wird aus
der Tschechoslowakei das Protektorat Böhmen und Mähren gebildet: Das
Sudetenland und die Sudetendeutschen werden dadurch an das Deutsche Reich
angeschlossen. Dieses Ereignis hat nicht nur für die tschechische und deutsche
Bevölkerung des Landes eine schicksalhafte Bedeutung, sondern auch für die
deutsch-tschechische Familie Schnirch, die in der mährischen Stadt Brünn lebt.
Gerta wird in Brünn auf einmal mit nationalsozialistischer Propaganda und einer
antitschechischen Stimmung konfrontiert: Ihr fanatischer Vater verspottet alles
Tschechische, ihr Bruder Friedrich erhofft sich vom Nationalsozialismus die
Erfüllung eigener Ideen und träumt von einer Karriere in der Wehrmacht. Gerta
und ihre Mutter halten sich von großen Worten und nationalistischen Ideologien
fern: Gerta trifft sich weiter mit ihrer tschechischen Freundin, spricht
Tschechisch und langweilt sich im Bund Deutscher Mädel. Die Katastrophe
beginnt mit dem Tod von Gertas Mutter: Der Vater fängt an zu trinken, er
missbraucht Gerta sexuell, Gertas Bruder zieht in den Krieg und wird als
vermisst gemeldet. Als Gerta von ihrem Vater schwanger wird, wird sie von
ihrem Freund, dem Tschechen Karel, verlassen. Mit ihrer kleinen Tochter auf
dem Arm, allein in dem durch die Bombardierungen der Alliierten zerstörten
Brünn (der Vater verschwindet spurlos bei einem Bombenangriff und gilt
seitdem als tot) wird Gerta mit der neuen Ordnung des befreiten

---

[64] Vgl. Košnarová 2009-2010: S. 239.

tschechoslowakischen Staates konfrontiert: Alle Deutschen sollen das Land ver-
verlassen. Verzweifelt versucht Gerta zu erklären, dass sie niemandem etwas
angetan habe und dass sie unter ihrem vom Nazi-Regime besessenen Vater auch
gelitten habe. Vergebens: Fronleichnam 1945 werden Gerta und ihre Tochter
mit Tausenden anderen Deutschen aus Brünn Richtung österreichischer Grenze
vertrieben. Was Gerta auf diesem Weg erlebt, grenzt an einen apokalyptischen
Albtraum: Sie wird von Tschechen geschlagen, von den Soldaten der Roten
Armee mehrmals vergewaltigt, erniedrigt und missbraucht. Gerta wird zur
Zeugin, wie die Opfer des ‚Brünner Todesmarsches‘ ermordet werden oder wie
diese, beschämt und erniedrigt, Selbstmord begehen. Gerta selbst gelingt es, das
Geschehen zu überleben, sie gelangt als Zwangsarbeiterin mit zehn weiteren
vertriebenen Frauen in die südmährische Gemeinde Bergen (tsch. *Perná*),
während die anderen Vertriebenen ihren Weg Richtung Österreich fortsetzen
müssen. Auch im Laufe der nächsten Jahre muss sie in Bergen Gewalttaten,
Racheaktionen und Beschuldigungen seitens der tschechischen Bevölkerung
über sich ergehen lassen. Gertas Freundinnen Teresa und Ula gelingt die Flucht
nach Wien, auch andere Deutsche aus Bergen fliehen aus dem
tschechoslowakischen Staat. Mithilfe ihres ehemaligen Freundes Karel gelingt
es Gerta, in den fünfziger Jahren mit ihrer Tochter nach Brünn zurückzukehren.
Gerta beginnt mit Karel, der zu dem Zeitpunkt bereits verheiratet ist, ein
Verhältnis und fühlt sich sogar einigermaßen zufrieden. Doch auch in Brünn
wird Gerta, die jetzt tschechoslowakische Staatsbürgerin ist, immer wieder mit
der Kollektivschuld der Deutschen konfrontiert: Ihre Tochter Barbora wird in
der Schule drangsaliert, Gerta selbst bekommt nur schlecht bezahlte,
unqualifizierte Arbeit. Und immer wieder greift das große Rad der Geschichte in
ihr Leben: der Aufbau des Sozialismus, bei dem kein Platz für die Deutschen
vorgesehen ist, da sie immer noch als Feinde der tschechischen Gesellschaft
wahrgenommen werden, die politischen Prozesse der fünfziger Jahre, denen
Karel zum Opfer fällt, Spionage des tschechoslowakischen Sicherheitsdienstes
SNB, der Prager Frühling, die Ära der Normalisierung – die historischen
Umbrüche hinterlassen enorme Spuren im Leben Gertas. Sie ist außerdem noch
von der Vertreibung erschüttert und geprägt, die Erinnerungen daran lassen
Gerta nicht los, doch sie kann diese nur selten mit ihren Freundinnen, die sie in

Bergen kennengelernt hat, austauschen. Das Verhältnis zu ihrer Tochter Barbora verschlechtert sich immer weiter und der Konflikt zwischen Mutter und Tochter eskaliert, als Barbora heiratet. Erst mit der Geburt der Enkelin Blanka, die im Roman oft liebevoll Blanička genannt wird, verändert sich etwas. Blanička gelingt es, Gerta und Barbora zu versöhnen, zudem arbeitet sie intensiv an der Aufarbeitung der Geschichte der Vertreibung, indem sie zur Mitbegründerin des Vereins für das interkulturelle Verständnis wird, der unter anderem auch für die Entschuldigung und Entschädigung der Vertreibungsopfer kämpft. Doch für Gerta kommen diese Bemühungen zu spät: Alle Hoffnungen und Illusionen aufgegeben, stirbt Gerta 2001 im Krankenhaus, in den Armen ihrer Tochter.

Diese Inhaltsangabe repräsentiert nur die Basis der im Werk erzählten Geschichte. Tatsächlich ist *Vyhnání Gerty Schnirch* ein komplexer Roman mit verwickelten Handlungsfaden und mehreren Handlungsebenen, was in der literaturwissenschaftlichen Rezeption des Romans allerdings auch kritisiert wurde. [65] Das Bemerkenswerte besteht jedoch nicht nur in der mehrdimensionalen Handlungsstruktur, sondern auch in den darin verwendeten narrativen Strategien. Auf diese wird im Folgenden eingegangen.

6.2.3 Aufbau

Das umfangreiche Werk von Tučková gehört der Gattung eines Romans an. Er wird in einen Prolog und fünf Kapitel gegliedert, die wiederum in nummerierte Unterkapitel unterschiedlicher Länge unterteilt sind. Jedes Kapitel trägt eine Überschrift, die auf das jeweilige Geschehen hindeutet:

Prolog [Prolog]
1. Válkou s cejchem Schnirchů [Durch den Krieg als Schnirch gebrandmarkt]
2. Když se kácí les, lítají třísky [Wo gehobelt wird, da fallen Späne]
3. Město Deutschfrei [Stadt Deutschfrei]
4. Minulost přítomná [Gegenwärtige Vergangenheit]
5. Sólo pro Barboru [Solo für Barbora]

---

[65] Vgl. Staněk, Vojtěch: Dějiny vs. román 1-0. Online verfügbar unter: http://www.advojka.cz/archiv/2010/5/dejiny-vs-roman-1-0.

Der Prolog nimmt einen besonderen Platz innerhalb der Erzählstruktur des Romans ein. Darin fängt die eigentliche Rahmengeschichte an, doch es findet keine Einführung in die Welt der Figuren und zunächst auch keine Erklärung des erzählten Geschehens statt. Der Prolog hat im untersuchten Roman die Funktion, den Leser direkt in die Geschichte einzuweihen und ihn entsprechend einzustimmen. Die darauf folgenden Kapitel werden den jeweiligen Lebensabschnitten der Protagonistin Gerta Schnirch gewidmet: von ihrer Kindheit und Jugend (Kapitel 1) über die Vertreibung der Deutschen aus der Stadt Brünn (Kapitel 2) bis zu ihrer Rückkehr in die Heimatstadt (Kapitel 3) und ihrem letzten Lebensabschnitt bis zum Tode (Kapitel 4 und 5). Das letzte Kapitel (*Sólo pro Barboru*), in dem Gertas Tochter eine Art Resümee über das Leben ihrer Mutter zieht, hat außerdem die Funktion eines Epiloges, obwohl das Kapitel als solcher nicht betitelt wird. Darin wird die Lebensgeschichte Gertas noch einmal von ihrer Tochter Barbora erzählt und bewertet.

Wird die Anordnung der Kapitel im Werk und der Inhalt betrachtet, so kann festgestellt werden, dass der Roman hinsichtlich seines logischen Aufbaus in zwei größere Teile unterteilt werden kann: Im ersten Teil (die ersten beiden Kapitel) wird das Leben Gertas vor und während der Vertreibung beschrieben. Im zweiten Teil, der hinter der Spannung des ersten Teiles deutlich zurückbleibt und deshalb von der Kritik als monoton bezeichnet wird[66], geht es um die Rückkehr Gertas und ihrer Tochter in die Heimatstadt Brünn, wo Gerta bis zu ihrem Tod lebt, und das Leben der Protagonistin in der ‚deutschfreien‘ Gesellschaft. Die besagte bemängelte Monotonie und Spannungslosigkeit des im zweiten Teil des Romans Erzählten deutet jedoch nicht auf einen literarischen (Minder-)Wert des Romans hin, sondern dient viel mehr als Ausdruck des emotionalen Zustandes der Protagonistin. Dies wird im letzten Kapitel (*Sólo pro Barboru*) klar, in dem die traurige Bilanz von Gertas Leben von ihrer Tochter Barbora gezogen wird. Allen Kapiteln liegt eine bestimmte Tendenz zugrunde: Die logische Entwicklung der Geschichte steht immer in einem Zusammenhang mit den Vertreibungsdiksursen. Die Reflexionen über die Vertreibung bestimmen Gertas Leben, das Leben ihrer Tochter und auch ihrer Enkelin, die

---

[66] Vgl. Staněk, Vojtěch: Dějiny vs. román 1-0. Online verfügbar unter: http://www.advojka.cz/archiv/2010/5/dejiny-vs-roman-1-0.

sich intensiv mit der Geschichte der vertriebenen bzw. der in Brünn verbliebe-
verbliebenen deutschen Bevölkerung beschäftigt, obwohl Gerta es vorzieht, über
das Thema ganz zu schweigen.

Die Darstellung der Vertreibung und ihre Folgen für das Leben Gerta
Schnirchs, das exemplarisch für das Schicksal der aus der mährischen
Hauptstadt vertriebenen Deutschen steht, lässt sich also als ein klarer
Hauptstrang im Roman verfolgen. Dieser Hauptstrang wird jedoch durch
mehrere Nebenstränge unterbrochen. Zu den Nebensträngen gehören die
Liebesgeschichte zwischen Gerta und Karel, die Peripetien der
tschechoslowakischen bzw. tschechischen Geschichte in der zweiten Hälfte des
20. Jahrhunderts und die Generationenkonflikte im Strudel der politischen
Veränderungen. Diese Nebenstränge werden allerdings mit dem Hauptstrang so
verknüpft, dass das Thema der Vertreibung stets im Vordergrund bleibt. Eine
große Rolle für die Konstruktion der Handlung spielen die im Roman
aufgeführten offiziellen Dokumente und auch Briefe der Figuren, die das
Erzählen der Rahmen- und Nebengeschichten illustrieren. Außerdem verhelfen
diese zu einem näheren Blick in die Welt der Figuren und ermöglichen dem
Leser, ihre Reaktionen auf das Geschehen zu verfolgen. So werden im Roman
sechs Briefe zitiert: fünf davon sind für Gerta bestimmt, von ihren Freundinnen
und ihrem Bruder, einer ist ihre Antwort. Die Briefe werden so in den Text
integriert, dass sie ebenfalls ein erzählendes Element darstellen, mit der
Funktion, die Geschichte näher zu gestalten. So erzählen die Figuren in den
Briefen retrospektiv über ihr Leben, beschreiben ihre Gefühle und Gedanken.

Der Aufbau des Romans trägt also wesentlich dazu bei, das Schicksal einer
Einzelperson mitten in den historischen Umbrüchen und Wendepunkten zu
beschreiben: Im Zentrum jedes Kapitels steht die Protagonistin der
Rahmenhandlung, Gerta, und die Geschichte ihrer Vertreibung. Dass der Roman
trotz mehrerer Nebenstränge und einer Vielzahl wechselnder Perspektiven den
Eindruck eines zusammenhängenden Ganzen vermittelt, ist ebenfalls auf den
logischen, klar strukturierten Aufbau zurückzuführen.

6.2.4 Figurenkonzeption

Bestimmend für das Erzählte ist die Konfiguration der Figuren, durch die die im Roman beschriebenen Ereignisse konstituiert werden. Die Figurencharaktere und ihre Konstellation zueinander werden deswegen in diesem Kapitel untersucht.

Die diversen Haupt- und Nebenstränge des analysierten Romans bedingen eine größere Zahl an Haupt- und Nebenfiguren. Aufgrund dieser narrativen Dichte des Textes können hier nicht alle Figuren analysiert werden, sondern nur die Hauptfiguren, d.h. laut der Definition von Schneider solche Figuren, die „den größten Anteil an der Figurenkommunikation besitzen, direkter am Handlungsgeschehen beteiligt sind, ausführlicher in ihrer Erscheinung und ihren Lebensumständen dargestellt werden und häufiger an den jeweiligen Schauplätzen des Geschehens erscheinen".[67] Laut dieser Definition gehören zu den Hauptfiguren neben Gerta, der Protagonistin des gesamten Erzählgeschehens, auch ihre Eltern, ihre Tochter Barbora, ihre Enkelin, ihr Geliebter Karel und ihre Freundinnen, die Gerta während der Vertreibung kennenlernt.

Auffallend ist, dass das Äußere der Figuren im Roman selten beschrieben wird, dagegen stehen ihre Gedanken, Gefühle und Reaktionen auf das Geschehen im Vordergrund. Eine zentrale Rolle für die Darstellung der Figuren spielt ihre Einstellung gegenüber den deutsch-tschechischen Verhältnissen. Dieser Aspekt ist für die folgende Beschreibung der einzelnen Figuren von besonderer Relevanz.

Die wachsende Spannung zwischen der deutschen und der tschechischen Bevölkerung erlebt Gerta bereits in ihrer eigenen Familie. Die Figuren der Eltern sind im Roman beinahe klischeehaft und stereotyp gestaltet. Ihr deutscher, autoritärer Vater wird kalt und sogar sadistisch dargestellt. Die Mutter, eine Tschechin und vorbildliche Hausfrau, wirkt dagegen herzlich und mitfühlend. Dieser Antagonismus von Gut und Böse wird in vielen kleinen Szenen, in denen Gertas Eltern beschrieben werden, akzentuiert. So reagiert Gertas Mutter auf die brutalen Aktionen gegen jüdische Mitbürger in Brünn mit Sprachlosigkeit und Tränen, während der Vater gar keine Empathie gegenüber den Diskriminierten äußert:

---

[67] Schneider, Jost: Einführung in die Romananalyse. 3. Aufl. Darmstadt 2010, S. 17.

Válka byla dlouhá. Začala nenápadně, aniž by si Gerta všimla, a rozpínala se, až se nakonec vklínila do všech koutů jejich života. Zrušením kurzu pana Kmenty to začalo a pokračovalo plíživě až k nim, domů, přímo do jejich kuchyně, kde se otec nad novinami smál, když jim předčítal, jak z kavárny *Esplanade* hnali svlečeného Žida tak rychle, až si pod schody srazil vaz. Matka se tehdy rozplakala nad tak nedůstojným koncem lidského života. (Tučková: 19)

Der Krieg war lang. Er begann unauffällig, ohne dass Gerta davon was bemerkt hatte, doch er verbreitete sich so schnell, dass er bald in alle Bereiche ihres Lebens eingriff. Alles begann mit dem Verbot des Kurses von Herrn Kmenta und es ging schleichend bis zu ihnen nach Hause weiter, direkt in ihre Küche, wo der Vater über der Zeitung lachte, als er ihnen vorlas, dass ein nackter Jude so schnell aus dem Cafe *Esplanade* gehetzt wurde, dass er sich auf der Treppe das Genick brach. Die Mutter weinte damals über so ein unwürdiges Ende menschlichen Lebens.

Die Situation in der Familie Schnirch verschlechtert sich enorm, als der Krieg ausbricht und das Protektorat Böhmen und Mähren entsteht. Dem Vater, ein überzeugter Fanatiker des NS-Regimes, gelingt es, seinen Sohn Friedrich ideologisch zu beeinflussen und in ihm Begeisterung für die Rassentheorien zu erwecken. Gertas Mutter fühlt mit den Opfern des Protektorats mit, wagt jedoch nicht, ihrem Mann zu widersprechen. Nach dem Tod der Mutter und Schwangerschaft durch den eigenen Vater verliert Gerta Kontakt zu Karel, einem jungen Tschechen, in dem sie zunächst ihren einzigen Verbündeten findet.

Die Frauen, die Gerta während der Vertreibung kennenlernt, werden zu den Mitleidenden und später zu ihren engen Freundinnen. Obwohl die Frauen das gleiche Schicksal – die Erfahrung der Vertreibung, Verlust des eigenen Zuhauses, Erniedrigungen – teilen, nehmen sie das Geschehnis unterschiedlich wahr: Während Gerta bis zu ihrem Tod nicht verzeihen kann, was ihr während und nach der Vertreibung angetan wurde, finden sich die anderen Frauen mit der Vergangenheit ab und versuchen, ein normales Leben zu führen: Teresa und Ula finden nach ihrer Flucht aus der Tschechoslowakei eine neue Heimat in Wien, auch Hermína ist mit ihrem einfachen Leben auf dem Dorf und ihrer Arbeit im Kuhstall zufrieden. Aus der Sicht dieser Figuren wird somit eine andere Perspektive, ein anderer Blick auf die Geschichte präsentiert.

Die drei Generationen im Roman – Gerta, ihre Tochter und ihre Enkelin Blanička – haben ebenfalls unterschiedliche Ansichten zum Thema Vertreibung.

Eine wichtige Rolle spielt im Roman die Tochter Gertas, Barbora. In Barbora sieht Gerta eine Hoffnung: Sie gibt ihr die Kraft, weiterzuleben, aber gleichzeitig bereitet die Tochter Gerta viele Sorgen und erinnert sie an den Vater. Doch besonders im ersten Teil des Romans ist das Verhältnis zwischen Mutter und Tochter nur schwach beschrieben, auf mehreren Seiten nacheinander wird Barbora nicht einmal erwähnt, was jedoch dann durch die ganzen Unterkapitel nachgeholt wird, in denen Barbora sich (zunächst als kleines Mädchen und dann als erwachsene Frau) zu Wort meldet und das Ausgelassene, vor allem die Beziehung zwischen ihr und ihrer Mutter, nacherzählt. Blanka, die Enkelin Gertas, hat dagegen ein gutes Verhältnis zu ihrer Großmutter, sie erkennt die gesellschaftlichen Umwälzungen in der Tschechoslowakei und setzt sich für die Opfer der Vertreibung ein.

Die Konfiguration der Figuren lässt im Hinblick auf das zentrale Thema des Romans – die Vertreibung – eine Gliederung in drei Gruppen zu: Diejenige, die den deutsch-tschechischen Konflikt durch ihre Äußerungen und Handlungen immer weiter treiben (Gertas Vater und Bruder, tschechische Familie Jech), Opfer dieses Konfliktes und die Unterstützer dieser Opfer (Gerta, ihre Freundinnen, Oma Zipfelová, später auch Gertas Enkelin) und die neutralen Figuren (Barbora und ihr Ehemann). Auffallend ist, dass diese Gliederung in sich nicht geschlossen ist, die Figuren handeln also nicht immer dieser Aufteilung entsprechend stereotyp. Das macht sich an mehreren Stellen bemerkbar. So ändert Gertas Geliebter Karel, der während des Krieges als Partisan alle Deutschen als Feinde wahrgenommen hat, seine Einstellung zu den Deutschen, nachdem er von Gerta über den Verlauf der Vertreibung erfahren hat. Doch je mehr sich Karel mit dem Thema auseinandersetzt, desto gefährlicher wird es für ihn. Auch er wird zum Opfer der Vertreibung: Eines Tages fehlt vom ideologisch ‚sauberen' Kommunisten Karel jede Spur, nachdem er auf der Suche nach der Wahrheit über die Vertreibung der Brünner Deutschen seinen Vorgesetzten zu viele unangenehme Fragen gestellt hat. Ein ähnlicher Fall zeigt sich bei der Untersuchung der Figur von Gertas Bruder Friedrich: Obwohl er bis zum Ende seines Lebens ein überzeugter Nazianhänger bleibt und zunächst ausschließlich rational handelt, dem Archetypus der kalten, gefühllosen Deutschen entsprechend, der in der stereotypen Form oft in der tschechischen

Vertreibungsliteratur vorkommt, wird er gegen Ende der Romans als ein alter, zerbrechlicher Mann gezeigt, der gegenüber seiner Schwester (aber nicht gegenüber allen Kriegsopfern) Reue zeigt.

Die Analyse der Konfiguration der Figuren in *Vyhnání Gerty Schnirch* zeigt somit, dass jede von ihnen eine eigene Einstellung zur Vertreibung hat, was im Gesamtkonzept des Romans eine wichtige Rolle spielt. Gleichzeitig werden die Figuren bzw. Figurengruppen keinen klaren Opfer- bzw. Tätergruppen zugeschrieben, d.h. es werden auch Übergänge von einem Täter- in einen Opferstatus (Friedrich) oder umgekehrt (Karel) thematisiert. Auf pauschale und eindeutige Rollenzuweisungen wird dagegen verzichtet.

6.3 Erzählperspektiven

Ob ein Ereignis durch die Augen eines Erzählers oder einer Figur vermittelt wird, ist nicht nur für die Gestaltung der Form eines Werkes wichtig, sondern auch für Rezeption dieses Werkes durch den Leser. Deshalb gehört die Perspektivierung zu den wichtigsten Kategorien der Narratologie.[68]

Die Erzählsituation im Roman *Vyhnání Gerty Schnirch* ist sehr komplex, was durch den häufigen Wechsel der Erzählperspektiven bedingt ist. Deswegen erweist sich die Bestimmung des Perspektivtypus im Roman als problematisch. In den ersten beiden Kapiteln des Romans tritt ein extradiegetischer Erzähler der Rahmengeschichte auf, der äußerst diskret fungiert und häufig durch die erlebte Rede und den inneren Monolog der Figuren verdrängt wird. Dieser Erzähler befindet sich nicht in der Welt der Charaktere und erzählt deshalb aus einer Außenperspektive. Bei diesem Erzähler handelt es sich um eine narratoriale Perspektive[69], d.h. er erzählt aus seiner eigenen Perspektive, gleichzeitig kann er das Erzählte kommentieren und werten. Deutliche Spuren einer narratorialen Perspektive können im Text anhand mehrerer Beispiele festgestellt werden:

> A když jazykem opatrně olizovala obálku a silným tlakem palce přejížděla po jejích rozích, ani ve snu by ji nenapadlo, za jakých okolností se k ní tenhle dopis, nikdy nedoručený, vrátí. (Tučková: 271)

---

[68] Vgl. Schmid 2005: S. 113.
[69] Vgl. Schmid 2005: S. 132.

Als Gerta den Briefumschlag mit der Zunge befeuchtete und mit dem Daumen an seinen Ecken drückte, könnte sie sich nicht einmal im Traum vorstellen, unter welchen Umständen dieser Brief, der nie zugestellt wird, zu ihr zurückkommen würde.

Eine narratoriale Erzählperspektive kann außerdem anhand des folgenden Textausschnittes verdeutlicht werden:

Herr Liebscher se svou vetchou, sehnutou paní se pomalým krokem sunuli kolem nich. Za necelou hodinu je bude Gerta předcházet a neodváží se ohlédnout, když nad dvojicí, zkroucenou v trávě vedle cesty bude stát mladík a s hystericky rozevřenýma očima kolem nich bude pálit jeden výstřel doprava, k boku staré paní, jeden doleva, mezi rozkročené nohy pana Liebschera, až mu odstřelená hrouda zasype nohavici. […] Nechce to vidět, půjde dál […]. (Tučková: 89)

Herr Liebscher und seine zerbrechliche, gebückte Frau gingen mit langsamen Schritten an ihnen vorbei. In weniger als einer Stunde überholt Gerta sie und sie wagt es nicht, sich umzudrehen, als ein junger Mann über das im Gras neben der Straße zusammengekauerte Paar steht und mit hysterisch geöffneten Augen um es herum schießt: Ein Schuss geht nach rechts, zur Seite der alten Frau, ein anderer nach links, zwischen die gespreizten Beine Herrn Liebschers, bis die abgeschossenen Erdklumpen seine Hosenbeine zuschütten. […] Sie will es nicht sehen, sie geht weiter […].

Diese Szene wird auf der einen Seite aus der Perspektive des Erzählers vermittelt, Gerta sieht das Geschehen nicht. Hier erzählt also ein nichtdiegetischer Erzähler aus eigener Perspektive. Doch auf der anderen Seite nimmt der Erzähler den Standpunkt einer Figur ein. So weist der Text mehrere Stellen auf, in denen die Technik des inneren Monologes oder eine Form der erlebten Rede benutzt wird. Hier wird aus der direkten Perspektive einer literarischen Figur erzählt. In diesem Fall werden Worte, Gefühle und Gedanken der Figuren aus der personalen Perspektive wiedergegeben.[70] So wird in den ersten beiden Kapiteln neben der Perspektive des Erzählers auch die Perspektive Gerta Schnirchs verwendet. Besonders oft wird die erlebte Rede in Bezug auf Gertas Gedankengänge und Gefühle verwendet, wie etwa in der folgenden Passage, die stellvertretend für viele andere steht:

Nedokáže přesně odhadnout, jak dlouho už jdou. Jako by jejich cesta trvala věky. Přitom se ještě nerozednilo, takže to nemůže být víc než několik hodin. Je unavená a její společnice také. Má zkusit zastavit se a odpočinout si? (Tučková:11)

---

[70] Vgl. Schmid 2005: S. 139.

Sie kann nicht genau sagen, wie lange sie schon so gehen. Als ob ihr Weg eine Ewigkeit dauern würde. Der Tag ist noch nicht angebrochen, es können also nicht mehr als ein paar Stunden sein. Sie ist müde und ihre Begleiterin auch. Sollte sie versuchen, anzuhalten und sich auszuruhen?

In diesem Textabschnitt finden die Gedanken Gertas während des ‚Brünner Todesmarsches' ihren Ausdruck. Solche Gedankenwiedergaben dehnen sich im Roman teilweise an mehreren Stellen über mehrere Seiten aus. Der Gebrauch solcher Figurenrede wird durch die Verwendung der *verba dicendi* markiert.

Der Übergang vom Erlebnisbericht zur erlebten Rede im Roman unterstützt die Spannung und die Beweglichkeit des Erzählens, weil dadurch eine Trennung zwischen Figuren und Erzähler erreicht wird. Häufig wird zudem der innere Monolog im Roman verwendet, also eine solche Wiedergabe von Gesagtem, von Reflexionen und Gefühlen einer Figur, die vor allem durch Anpassung an die Sprache dieser Figur gekennzeichnet ist. [71] Im Roman wird der innere Monolog oft aus der Sicht von Gertas Tochter Barbora realisiert, wie etwa an der folgenden Textstelle, die außerdem exemplarisch für ein retrospektives Element im Roman steht. Barbora erinnert sich wie folgt an die Rückkehr nach Brünn:

I máma vypadala zklamaná a asi tam nepotkala ani ty hodné lidi, co o nich mluvila, protože jsme se s nikým jiným než se strýcem Karlem nesetkávaly. Já ho měla moc ráda, to jo, ale i tak jsem byla ze začátku dost nešťastná. To kvůli blbým děckám ze školky, ale hlavně kvůli babičce Zipfelové, po které se mi strašně stýskalo. Já jsem vůbec nevěděla, že jde žít i bez ní, že se to může, když byla celý život hlava naší rodiny. (Tučková: 256f.)

Auch Mama sah verzweifelt aus und sie ist wohl auch den guten Leuten nicht begegnet, von denen sie immer gesprochen hat, weil wir uns außer mit Onkel Karel mit niemand anders getroffen haben. Ich habe ihn sehr gemocht, das schon, aber trotzdem war ich von Anfang an ganz unglücklich. Das war wegen der blöden Kinder in der Schule, aber vor allem wegen Oma Zipfelová, die ich schrecklich vermisst habe. Ich konnte überhaupt nicht ahnen, dass man auch ohne sie leben kann, dass es überhaupt möglich ist, nachdem sie das ganze Leben lang das Haupt unserer Familie war.

Hier werden die sprachlichen Besonderheiten der Protagonistin bewahrt. Das geschieht vor allem durch die Verwendung von lexikalischen („to jo", „to je fakt" usw.) und syntaktischen („ty hodné lidi, co o nich mluvila") Elementen des

---

[71] Vgl. Schmid 2005: S. 191.

Gemeintschechischen und das Beibehalten des naiven Stils eines Kindes. Die Gedanken und Gefühle Barboras werden somit authentisch wiedergegeben, obwohl sie natürlich narratologisch überarbeitet sind.

Die Erzählinstanzen wechseln sich innerhalb des Textkörpers mehrmals. Regelmäßiger Tausch zwischen dem heterodiegetischen und dem extradiegetischen Erzähler spiegelt auch das Wechselspiel zwischen dem eher nüchternen und direkten Erzählton des Er-Erzählers und den emotionalen, subjektiven Aussagen von Barbora wider.

Da im Roman beide Perspektivtypen (narratoriale und personale) verwendet werden, die an mehreren Stellen vor allem durch die Verwendung der erlebten Rede neutralisiert werden, kann es sich hier um eine hybride Erzählperspektivierung handeln. [72] Das etablierte narrative Muster des Perspektivenwechsels wird im ganzen Roman beibehalten. Lediglich im letzten Kapitel zeigt sich der endgültige Wechsel der Erzählperspektive: In Ich-Form schildert Barbora noch mal die Lebensgeschichte ihrer Mutter. Dieser Erzählstimmenwechsel wird bereits im Kapitelnamen angekündigt: *Sólo pro Barboru*. Die Ereignisse werden in Barboras Monolog nochmals erzählt, diesmal allerdings mit Fokus auf andere Details. Es ist auch Barbora, die die Geschichte beendet, und zwar mit folgendem traurigen Fazit:

> No a když jsme na hřbitově o pár dní pozdějc dávali urnu k pomníku babičky Ručkové a zapalovali svíčky, tak jsem si říkala, že neměla vůbec nic z celého svého života, nejen z těch posledních týdnů. Bez muže, bez citu, zamrzlá v nenávisti vůči téhle společnosti a babrající se nakonec jenom v té své touze po omluvě. (Tučková: 410)

> Und als wir ein paar Tage später die Urne zum Grabmal von der Oma Ručková gelegt und Kerzen angezündet haben, so habe ich gedacht, dass die Mutter nicht nur von diesen letzten Wochen, sondern von ihrem ganzen Leben überhaupt nichts hatte. Ohne Mann, ohne Gefühle, eingefroren in ihrem Hass gegenüber der Gesellschaft und sich schließlich nur noch nach einer Entschuldigung sehnend.

Einen weiteren bemerkenswerten Punkt in der erzähltechnischen Gestaltung des Romans stellt neben dem häufigen Wechsel zwischen der narratorialen und personalen Perspektive auch die Multiperspektivität dar. Nach der Definition von Vera und Ansgar Nünning liegt Multiperspektivität dann vor, wenn dasselbe

---

[72]   Vgl. Schmid 2005: S. 133.

Geschehen jeweils von unterschiedlichen Erzählinstanzen geschildert wird.[73] Polyphonie der Perspektiven hat im Roman die Funktion, ein bestimmtes Ereignis (hier: die Vertreibung) durch die Augen verschiedener Figuren zu zeigen, um ihre Meinungen und Gedanken zu diesem Ereignis zu verfolgen. Dieser Wechsel zwischen den Erzählperspektiven, der ebenfalls zur Beweglichkeit des Erzählten beiträgt, bietet dem Leser eine Möglichkeit, ein vielfältiges Bild des Geschehens aus verschiedenen erzählerischen Standpunkten zu gewinnen.[74] So wird die Erfahrung der Vertreibung im Roman nicht nur aus der Sicht Gertas geschildert, sondern auch aus der Perspektive Barboras und der von Gertas Freundinnen. Das wird oft in Form des inneren Monologs, aber auch in Form von Briefen realisiert.

Der Wechsel zwischen der narratorialen und personalen Perspektive und die Multiperspektivität werden im Roman in einer Art Synthese konsequent durchgeführt, bei der zwischen den einzelnen Erzählperspektiven logische Verknüpfungen entstehen, die sich auf eine gesamte erzählte Welt beziehen. Die polyphone Breite, die durch diese erzählerischen Mechanismen entsteht, ermöglicht dabei einen tieferen Blick in die Charakteristik der Figuren und in die Handlung.

6.4 Zeitliche und räumliche Struktur

Die Bestimmung der Zeit und des Raums gehört ebenso zu den wichtigsten Kriterien der Textanalyse. Im Folgenden wird auf die Zeit- und Raumstruktur im Roman *Vyhnání Gerty Schnirch* näher eingegangen.

---

[73] Vgl. Nünning, Vera und Ansgar: Von „der" Erzählperspektive zur Perspektivenstruktur narrativer Texte: Überlegungen zur Definition, Konzeptualisierung und Untersuchbarkeit von Multiperspektivität. In: Dies. (Hg.): Multiperspektivisches Erzählen: Zur Theorie und Geschichte der Perspektivenstruktur im englischen Roman des 18. bis 20. Jahrhunderts. Trier 2000, S. 3-38, hier S. 18.

[74] Vgl. Bode, Christoph: Der Roman. 2. Aufl. Tübingen 2011, S. 250.

Zunächst soll jedoch folgende Tabelle zeitliche und räumliche Perspektiven im Roman veranschaulichen:

Kapitel	Ort	Zeit
Prolog	‚Brünner Todesmarsch', der Weg von Brünn nach Wien	31. Mai 1945 (Fronleichnam)
Válkou s cejchem Schnirchů	Brünn	Altweibersommer 1939-31. Mai 1945 (Fronleichnam)
Když se kácí les, lítají třísky	‚Brünner Todesmarsch'; Brünn - Bergen	1945-1946
Město Deutschfrei	Brünn	1951-1968
Minulost přítomná	Brünn	1968-2001
Sólo pro Barboru	Brünn	2001

Diese Tabelle soll dazu dienen, die im Roman vorkommenden zeitlichen und örtlichen Strukturen besser einordnen zu können, was besonders in Hinblick auf die häufigen Verschiebungen auf der zeitlichen Ebene von großer Relevanz ist.

6.4.1 Zeitperspektive

Die erzählte Zeit, also der Zeitraum, der in einem literarischen Werk narrativ abgedeckt wird[75], beträgt im untersuchten Roman mehrere Jahrzehnte: von Gertas Kindheit bis zu ihrem Tod. Aufgrund verschiedener Zeit- und Altersangaben kann die Handlung einer klaren Zeitspanne zugeordnet werden. Es ist vor allem die Methode der Zeitraffung, die den Roman kennzeichnet. Entsprechend der Variierung der Erzählzeit ändert sich das Erzähltempo, das Verhältnis zwischen Erzählzeit und erzählter Zeit.[76]

Im Prolog beginnt die Geschichte unmittelbar während der Vertreibung, was allerdings nur aus dem Kontext verstanden werden kann. Gerta erinnert sich während des ‚Brünner Todesmarsches' an die Zeit vor dem Krieg. Die eigentlich erzählte Zeit setzt dann vor dem Zweiten Weltkrieg ein: „Bylo babí léto roku

---

[75] Vgl. Martinez, Matias; Scheffel, Michael: Einführung in die Erzähltheorie. München 1999, S. 39.
[76] Vgl. Spörl, Uwe: Basislexikon Literaturwissenschaft. Padeborn 2004, S. 285.

1939". (Tučková: 18; „Es war Altweibersommer 1939") Der Beschreibung der Jugend Gertas folgt die Darstellung des wichtigsten Ereignisses in ihrem Leben, der Vertreibung aus ihrer Heimatstadt Brünn. Der Verlauf der Vertreibung wird dabei sehr detailliert dargestellt, was bereits der Romantitel nahelegt. Die gesamte Geschichte wird in einer Art Zeitraffer erzählt. Der ‚Brünner Todesmarsch' wird ebenfalls aus einer Zeit verzerrenden Perspektive dargestellt, jedoch wird hier die Zeit verlangsamt: Die Zeitstruktur weist bei der Beschreibung der Vertreibung dehnende Momente auf. Das zeitraffende Erzählen wird hier durch die Gespräche der Figuren unterbrochen. Bei den Dialogen fällt die erzählte Zeit mit der Erzählzeit zusammen. Festzustellen ist außerdem, dass die Geschichten der Nebenfiguren (Gertas Freundinnen, Karel) ebenfalls in einer stark gerafften Form erzählt werden, die sich jedoch aus einem anderen erzählerischeren Aspekt ableiten lässt, nämlich aus dem unterschiedlichen narrativen Gewicht dieser Figuren.

Ab Kapitel 3 *Město Deutschfrei* weist die erzählte Zeit, die mehrere Jahrzehnte umfasst, ein besonders hohes Erzähltempo auf: Die zentralen Ereignisse im Leben Gertas nach der Vertreibung werden in einer extrem gerafften erzählten Zeit beschrieben. Diese generell raffende Zeitstruktur verleiht dem Erzählten zwar keine narrative Tiefe, gibt dafür dem Leser einen großen Raum für die literarische Imagination.[77]

Was die Chronologie der Handlung im Roman betrifft, so stellt die Erschließung der exakten Datierungen der Rahmengeschichte keine Schwierigkeit dar. Die Verfolgung der Zeit ist im Roman mit Hilfe direkter Zeitangaben möglich:

- Ráno 15. března 1939 se tak Brňané, aniž by co tušili, probudili do jiného města. (Tučková: 30; „So wachten die Brünner am Morgen des 15. März 1939 an einem anderen Ort auf, ohne etwas davon zu ahnen")
- Stalo se to 26. dubna 1945 kolem osmé večerní [...]. (Tučková: 66; „Das geschah am 26. Dezember 1945 gegen acht Uhr abends [...]")
- A teď na začátku roku 1951 [...] (Tučková: 238; „Und jetzt, am Beginn des Jahres 1951 [...]")

---

[77] Vgl. Helbig 1988: S. 163.

Außerdem lassen sich die temporalen Angaben indirekt durch die datierten Briefe und die offiziellen Dokumente, die im Roman zitiert werden, nachvollziehen. Bemerkenswert ist im zweiten Teil des Romans, dass die zeitlichen Angaben immer weniger werden und sich nur indirekt ermitteln lassen.

Betrachtet man die Chronologie des Erzählten im Text näher, so wird deutlich, dass sie oft unterbrochen wird. Dabei spielen vor allem Retrospektiven in der Geschichte eine große Rolle. Der Roman ist außerdem durch viele Analepsen gekennzeichnet, die in der Vergangenheit liegenden Ereignisse werden nachträglich (und oft aus verschiedenen Perspektiven) wiedergegeben. So beginnt jedes Kapitel mit einer Analepse, was zum Spannungsbogen des Romans beiträgt. Erst im Laufe des Kapitels wird berichtet, was in der ausgelassenen Zeit geschah. Auch innerhalb des Kapitels treten mehrere Analepsen auf, wie anhand der folgenden Szene deutlich wird:

> Pamatuju si toho možná málo, ale určitě vím, že jsme byli bezvadná rodina a že se mi tam hrozně líbilo. I to, že jsme spali v jednom pokoji i s Polívkovýma, kde byla jen jedna velká postel pro mámy a pak deky na zemi, kde jsme spali my s Anni a Rudim. Pamatuju si, že tam všechno vonělo a dalo se tam dělat strašně moc věcí, teda do té doby, než odtamtud Katty, Jan a pak i Polívkovi odešli. (Tučková: 259)

> Vielleicht kann ich mich nicht viel daran erinnern, aber ich weiß ganz genau, dass wir eine perfekte Familie waren, und dass es mir dort sehr gefallen hat. Auch das, dass wir alle, auch die Polivkas, in einem Zimmer schlafen mussten, wo es nur ein großes Bett für die Mütter und noch Decken auf dem Boden gab, die wir uns mit Anni und Rudi teilen mussten. Ich erinnere mich, dass alles dort besonders roch und man dort viel unternehmen konnte, allerdings bis zur Zeit, als Katty, Jan und dann auch die Polivkas weggegangen sind.

Auf diese Retrospektiven im Text weisen, wie es im zitierten Anschnitt der Fall ist, häufige sprachliche Signale wie die Verwendung des *verbum cogiendi* „pamatovat si" (Tučková: 289, 379; „sich erinnern") hin. Diesen Signalen folgen meist die Erinnerungen der Figuren an die Ereignisse, die seinerzeit im Text ausgelassen oder nur kurz dargestellt wurden. Solche Retrospektiven helfen dem Leser, nach und nach die Geschichte besser zu rekonstruieren und sie mit neuen Fakten zu bereichern. Es handelt sich dabei um die auflösenden Analepsen[78], die

---

[78] Vgl. Martinez; Scheffel 1999: S. 33.

oft eine Reichweite von mehreren Jahrzehnten einnehmen (z.B. wenn die er-erwachsene Barbora sich an ihre Kindheit erinnert). Analepsen als narratives Mittel treten im Roman außerdem besonders oft dort auf, wo es um die Gewalttaten gegenüber den aus Brünn vertriebenen Deutschen geht, z.b. in den Szenen der Vergewaltigung Gertas und Ulas: Hier wird mithilfe von solchen Rückblendungen das traumatische Ereignis verarbeitet. Erst nach Jahrzehnten können die Frauen über Schmerz und Erniedrigung sprechen.

Die Manipulationen auf der zeitlichen Ebene haben im Roman ganz konkrete Funktionen: Während die zeitraffende Erzählweise mit Zeitsprüngen und Auslassungen die Beschreibung einer großen Zeitspanne (von 1939 bis 2001) ermöglicht, werden die Ereignisse, auf die durch die narratoriale oder die personale Erzählinstanz ein besonderer Wert gelegt wird, mithilfe von Dialogen oder Analepsen detaillierter dargestellt.

6.4.2 Raumperspektive

Eng mit der Darstellung der Zeit hängt die Konstruktion des Raums zusammen. Charakteristisch für den untersuchten Roman ist es, dass die Orte der Handlung detailliert beschrieben werden. Den Räumen in *Vyhnání Gerty Schnirch* wird außerdem oft eine symbolische Bedeutung zugeordnet. Den Bedingungsraum für die Handlung bilden im Roman mehrere Orte, doch es ist vor allem die Stadt Brünn, die eine zentrale Rolle spielt und stets im Kern des Geschehens steht, sogar wenn die Handlung an einen anderen Ort verlagert wird. Brünn stellt damit im Textkörper keinen austauschbaren Schauplatz des Geschehens dar, es kann als ständig vorhandenes narratives Element betrachtet werden.

Brünn ist die Stadt, in der Gerta aufwächst und zur Schule bzw. später zur Handelsschule geht. Nach den Bombardierungen während des Krieges ist der Ort von Gertas Kindheit und Jugend verwüstet:

Brno se změnilo. Bylo to vidět na každém druhém domě, i na tom, kde bydlela Gerta s otcem a s Barborou. Ve stěnách obrácených do široké zahrady zely okrouhlé krátery po zavrtaných kulkách. V jejich čtvrti to odnesla Francouzská Střída, Köffillergasse i Sterngasse, která ztratila většinu lichých čísel [...]. (Tučková: 71f.)

Brünn hat sich verändert. Es war an jedem zweiten Haus zu sehen und auch an dem, in dem Gerta mit ihrem Vater und Barbora gewohnt hat. In den zum breiten Garten gerichteten Wänden hinterließen die eingebohrten Kugeln rundliche Löcher. In ihrem

Viertel wurden davon die Französische Straße, die Köffillergasse und die Sterngasse betroffen. Die letztere verlor dabei die Mehrheit der ungeraden Hausnummern [...].

Nach Kriegsende wird Gerta allmählich aus der tschechischen Gesellschaft ausgegrenzt: Freundschaften mit Tschechen lösen sich auf, immer wieder wird die Protagonistin mit Aggression seitens der tschechischen Bevölkerung konfrontiert. In dieser unsicheren Zeit zieht sich Gerta immer mehr zurück, ihr Zuhause wird für sie zu einem Refugium, so dass die junge Frau nicht einmal daran denken mag, Brünn zu verlassen.

Ein räumlicher Bruch entsteht im Text erst mit den Ereignissen der Vertreibung: Gerta verliert ihre Wohnung, wird aus Brünn verjagt und kommt nach dem ‚Brünner Todesmarsch‘ über Pohrlitz nach Bergen, wo sie völlig neuen Lebensbedingungen ausgesetzt wird. Gerta, die den Verlust ihrer Heimatstadt nicht akzeptieren will, hofft immer noch auf die Rückkehr nach Brünn. In der Zeit, als sie als Zwangsarbeiterin in Bergen arbeiten muss, erinnert sie sich oft und mit großer Sehnsucht an die Stadt. Obwohl sie mehrmals zu hören bekommt, dass sich ihr Heimatort und die Menschen dort seit der Vertreibung der Deutschen sehr verändert haben, nutzt sie die von Karel gebotene Möglichkeit, nach Brünn zurückzukehren. Nach ihrer Rückkehr muss Gerta jedoch feststellen, dass die Stadt tatsächlich wenig mit dem Brünn ihrer Kindheit und ihrer Jugend zu tun hat. Die Nachkriegsstadt hat sich enorm verändert: Die deutschen Namen der Straßen werden jetzt wieder auf Tschechisch geschrieben, Gebäude, Plätze und auch die Menschen – alles wirkt auf Gerta auf einmal fremd:

Staronové Brno. Stejné město, stejná síť ulic, a vzpomínek, které se s nimi pojí. Jenže *deutschfrei*, zbavené Němců, pro Němce nevhodné. I pro ty s čerstvě nabytou českou národností. Pro Gertu už Brno nemohlo nikdy být klidným, teplým domovem. (Tučková: 241)

Das alt–neue Brünn. Die gleiche Stadt, das gleiche Netz von Straßen und Erinnerungen, die mit diesen Straßen verbunden sind. Nur eben *deutschfrei*, von Deutschen befreit, für Deutsche unbetretbar. Auch für die mit der frisch erhaltenen tschechoslowakischen Staatsangehörigkeit. Für Gerta kann Brünn nie wieder ein ruhiges, warmes Zuhause sein.

Ähnlich wirkt die Stadt auf Barbora, die von ihrer Mutter sehr viel über ihre Heimatstadt gehört hat. Brünn und seine Bewohner hinterlassen auch auf sie einen tristeren Eindruck:

> Mělo být krásné a velké a měli v něm žít hodní lidi, ale nějak se to tam změnilo nebo co, protože nic hezkého jsem tam neviděla, byly tam jen šedivé ulice s velkýma obouchanýma barákama, nikde ani strom a dost to tam smrdělo. (Tučková: 256)

> Es sollte dort schön und groß sein, und dort sollten auch gute Menschen wohnen, aber irgendwie hat sich dort alles verändert oder so was, weil ich dort nichts Schönes sah, es gab dort nur graue Straßen mit großen Buden, keinen einzigen Baum und es hat dort sehr gestunken.

Gerta wird also aus ihrer vertrauten Umgebung für immer herausgerissen, obwohl sie zurück nach Brünn darf. Alles, was ihr bleibt, ist, sich an das alte Brünn erinnern zu können. Auch für Gertas Bruder Friedrich ist Brünn ein Ort, der mit bestimmten Erinnerungen und Gefühlen verbunden ist. Doch im Unterschied zu seiner Schwester, die sogar nach der Feststellung, die Stadt habe sich so sehr verändert, dass sie kein Teil mehr von ihr sei, trotzdem in Brünn bleibt, lehnt er die Stadt ab, genauso wie alles Tschechische.

In der individuellen Dimension der Figuren wird die Rolle der Stadt als Erinnerungsort herauskristallisiert. Die Erinnerungen an die Stadt stehen dabei in einem engen Zusammenhang mit der Kindheit und Jugend, mit den Eltern, Verwandten und mit den tschechischen Nachbarn der sich erinnernden Figuren. Durch die Beschreibungen von Brünn wird auch indirekt das deutsch-tschechische Wechselverhältnis dargestellt, wenn im Roman z.B. die verlassenen, geplünderten Wohnungen der Vertriebenen beschrieben werden, die schnell durch die tschechischen Familien besetzt werden.

Auch die Beschreibung der Gemeinde Bergen, in der Gerta nach ihrer Vertreibung aus Brünn als Zwangsarbeiterin ankommt, unterstützt die dem Roman zugrunde liegenden Diskurse über die Gründe und Folgen der Vertreibung und die deutsch-tschechischen Beziehungen. In dieser Gemeinde in Südmähren, wo lange Zeit Tschechen, Deutsche und Österreicher zusammenlebten, herrschen nach dem Ende des Krieges Chaos, Habgier und Gewalt. Besonders wird dies in den Dialogen zwischen den Einheimischen und Vertriebenen thematisiert.

Somit werden die Orte im untersuchten Text zum Träger der Erinnerungen, was auch in der Kritik zum Roman positiv hervorgehoben wird:

> Krajiné a urbánní proměny jsou ovšem nepřehlédnutelně a zároveň se stávají neoddiskutovatelnými nositeli dějinné paměti.[79]

Den Wechsel zwischen Landschaften und Städten kann man verständlicherweise nicht übersehen und so wird dieser Wechsel zweifellos zum Träger des historischen Gedächtnisses.

6.5 Die Sprache des Romans

Den Roman zeichnet eine direkte und unprätentiöse Sprache aus. Jegliche Beschönigungen werden vermieden, besonders während der Beschreibung des Todesmarsches. Die brutalen Szenen werden in einer nüchternen, schonungslosen Sprache und mit viel Details dargestellt, wie z.b. in der Szene der Vergewaltigung Gertas durch Soldaten der Roten Armee:

> Znovu se jí vracely smysly.
> Voják, který z ní právě vstal, se na ni podíval, jak se stáčí na bok, s koleny konečně stisknutými k sobě, a kopnul ji do ještě odhalené zadnice.
> - *Ty voňaješ, sviňa!* smrdíš, odplivl si na ni, pak se otočil a rychle odešel. Nebyla to pro ni za poslední týdny žádná novinka. Ostatně, jako by měla na čele celý život napsáno, že její tělo může beztrestně brát. A oproti tomu, co s ní dělal otec, teď' aspoň přesně ví, za co to má. Za něj. Za tu německou půlku z něj. (Tučková: 94)

> Sie kam wieder zu sich.
> Der Soldat, der gerade von ihr aufstand, sah ihr zu, wie sie sich zur Seite drehte, mit den Knien, die sie endlich zusammenpressen konnte, und trat ihr in den noch entblößten Hintern.
> - *Ty voňaješ, sviňa!* Du stinkst! Er spuckte auf sie, drehte sich um und ging schnell weg. Das war für sie innerhalb der letzten Wochen nichts Neues. So, als ob es auf ihrer Stirn geschrieben wäre, dass man ihren Körper unbestraft nehmen dürfte. Und im Gegenteil dazu, was der Vater mit ihr tat, wusste sie jetzt ganz genau, wofür das alles ist. Dafür. Für diese deutsche Hälfte in ihr.

Für die Sprache des Romans ist außerdem eine gewisse Polyphonie charakteristisch. In den Text werden z.B. mährische Regionalismen eingeflochten, was besonders dann zum Vorschein kommt, als Gerta nach ihrer Vertreibung aus Brünn in die südmährische Gemeinde Bergen gelangt. Hier ist

---

[79] Košnarová 2009-2010: S. 240.

auch die häufige Verwendung der Umgangssprache zu beobachten, besonders in den Gesprächen zwischen den (aus der Stadt) Vertriebenen und den Dorfbewohnern.

Ein weiteres markantes Element innerhalb der Sprachstruktur des Romans bildet die Verwendung der Sprachen Deutsch und Russisch. Die Nutzung der deutschen Sprache, der Muttersprache der Protagonistin und einiger Nebenfiguren, zeigt deutlich, dass die Sprache dem Bewusstsein der Figuren und der Bestimmung ihrer Zugehörigkeit zu einer konkreten Nation dient. Exemplarisch lässt sich dies im folgenden Beispiel erkennen:

- Další, řekl Schmidt.
- Johanna Polivka, zwei Kinder, Anni und Rudi, beide vier Jahre alt.
- Ale vždyť ty mluvíš česky.
- Mluvím.
- Tak mluv česky, němčinu tu nechci slyšet, rozumíš?
- Rozumím. Ale trvám na jméně Polivka.
- Poboha proč? Nechápeš situaci?
- Chápu. Ale můj muž je Polivka, tak já budu taky Polivka. Nezměním jméno svého muže. (Tučková: 145)

- Der Nächste, sagte Schmidt.
- Johanna Polivka, zwei Kinder, Anni und Rudi, beide vier Jahre alt.
- Aber du sprichst doch Tschechisch.
- Ja.
- Dann sprich Tschechisch, ich will hier kein Deutsch hören, verstehst du?
- Verstehe. Aber ich bestehe auf den Namen Polivka.
- Um Gottes Willen, warum? Verstehst du denn die Situation nicht?
- Ich verstehe schon. Aber mein Mann heißt Polivka, so heiße auch ich Polivka. Ich werde den Namen meines Mannes nicht ändern.

Nach der Vertreibung wird die deutsche Sprache verbannt, sie wird zum Zeichen der Ausgeschlossenheit und sogar der potenziellen Gefahr, so dass die Vertriebenen ihren Kindern verbieten müssen, Deutsch zu sprechen. Bei Darstellung von Briefen oder Gesprächen, die vollständig auf Deutsch verlaufen sollten, wird im Textkörper ein besonderes künstlerisches Mittel verwendet: Der erste Satz wird auf Deutsch geschrieben, der restliche Text auf Tschechisch. Anders ist es bei den wenigen russischen Sätzen im Roman: Sie werden nach den phonetischen Regeln in Latinica transkribiert. Der Leser wird so in die jeweilige sprachliche Welt eingeführt.

Der Roman zeichnet sich außerdem durch einen lakonischen Wortstil und einfache Hauptsatzstrukturen aus, was auch in der Rede des Erzählers stark an die Alltagssprache erinnert.

Auffallend ist außerdem die häufige Benutzung von Fragesätzen, die besonders oft dort vorkommen, wo es um die erlebte Rede der Figuren geht („Co jí pak udělají? A co Gretl ještě dnes snese?" Tučková: 93; „Was haben sie ihr angetan? Und was werden sie heute Gretl noch antun?"). In den Dialogen dagegen werden groteske und teils übertrieben pathetische Ausdrücke verwendet, was auch von der Kritik betont wurde:

> Tučková není zrovna jazykový virtuos a vět typu „Doba byla neklidná. Hladina emocí se bouřila..." či „Přítomnost byla krásná, plná vzájemnosti a radosti, válka byla minulostí." je po knize rozeseto víc, než aby nad nimi šlo jen tak mávnout rukou. Patrné je to především v dialozích, které v některých pasážích při představě, že by měly být autentické, nabývají až groteskního rázu [...].[80]

> Tučková ist nicht gerade eine sprachliche Virtuosin und von Sätzen wie „Die Zeit war unruhig. Die Emotionen brodelten" oder „Die Gegenwart war schön, voll mit Zusammenhang und Freude, der Krieg war Vergangenheit" gibt es im Buch zu viele, als dass man sie einfach übersehen könnte. Das kommt vor allem in den Dialogen zum Ausdruck, einige Passagen haben einen zu grotesken Charakter, besonders bei der Vorstellung, sie wären authentisch [...].

Ein weiterer wichtiger Punkt liegt im häufigen Zitieren offizieller Dokumente (politische Reden, Nachrichten, Radioberichte). Diese Besonderheit soll dem Text Authentizität verleihen. Die Zitate dienen der Illustration der Ereignisse, die die Protagonisten erleben müssen. Figuren und Geschichten werden über die Zitate dem allgemeingültigen Weltmodell zugeordnet. So wird die bekannte Beneš-Rede, in der der tschechoslowakische Präsident die Kollektivschuld aller Deutschen betont und auf ihre Ausweisung besteht, im Text wörtlich zitiert.[81]

Im Text kommen in beträchtlichem Umfang auch weitere authentische Dokumente vor: Neben den besagten Reden von Edvard Beneš (Tučková: 77, 78, 80) wird z.B. das Dokument des Vereines ‚Jugend für das interkulturelle Verständnis' zitiert (Tučková: 398). Das Zitieren des Originaldokuments soll als

---

[80] Staněk, Vojtěch: Dějiny vs. román 1-0. Online verfügbar unter: http://www.advojka.cz/archiv/2010/5/dejiny-vs-roman-1-0.

[81] Vgl. Křen, Jan: Odsun Němců ve světle nových pramenů. In: Černý, Bohumil; Křen, Jan (Hg.): Češi, Němci, odsun. Diskuse nezávislých historiků. Praha 1990, S. 6-32, hier S. 31.

literarisches Mittel das Identifikationspotenzial des Erzählten erhöhen und so einer möglichst wahrheitsgetreuen Mimesis der Vertreibungsgeschichte verhelfen.

Der Roman weist nur wenige Metaphern und Symbole auf, die bildliche Sprache ist hier von geringerer Bedeutung und steht hinter der klaren, nüchternen Beschreibung des Geschehens zurück. Dennoch gibt es einige metaphorische Besonderheiten, deren tiefere Untersuchung lohnend erscheint.

Auffallend ist vor allem die Metapher der Medusa, die Gerta immer in Zusammenhang mit gefährlichen und bedrohlichen Ereignissen setzt. Sie sieht den Medusenkopf zunächst bei den deutschen Soldaten, während der Protektoratszeit, dann wieder bei den Rotarmisten, die sich nach Kriegsende in der Tschechoslowakei aufhalten:

Nasupená, rozlícená Medúza, vražednice se zlověstnou, ožralou hubou sprosté lůzy. Podívej se na ně, a zemřeš. Zkameníš, nebo tě zastřelí. Nenáviděla je, ale to bylo všechno, co mohla. Jen nenávidět. (Tučková: 12)

Die böse, zornige Medusa, Mörderin mit einem düsteren, besoffenen Mund eines Mobs. Sieh' sie mal an und du wirst sterben. Du versteinerst oder wirst erschossen. Gerta hasste sie, aber das war alles, was sie tun konnte. Nur hassen.

Medusa, eine Figur aus der griechischen Mythologie, kündigt Furcht und Tod für diejenigen an, die sie sehen. So auch für Gerta: Sie sieht die Medusa immer wieder dann, wenn ihr Leben in Gefahr ist. Die griechische Mythensymbolik kommt im Roman noch häufiger vor: So vergleicht Gerta Hitler, als er, zur Begeisterung des Publikums, eine Rede in Brünn hält, mit dem Feuer bringenden Prometheus. Jahrzehnte später wird Gerta ihre Wohnung mit einem griechischen Flüchtlingspaar teilen, mit dem sie sich nach anfänglichen Diskrepanzen sehr gut versteht und das ihrer Tochter Barbora vieles aus der griechischen Mythologie beibringt.

Metaphorisch kann auch der Begriff *vyhnání*, das tschechische Wort für die Vertreibung, betrachtet werden. Im Roman bedeutet die Vertreibung neben der Bezeichnung der Aussiedlung der Deutschen aus den tschechoslowakischen Gebieten ein Ausgeschlossensein aus der Gesellschaft, den Verlust des sozialen Status und der Lebenshaltung. Für Gerta bedeutet die Vertreibung und ihre Folgen ein schmerzhaftes Trauma, eine private Katastrophe, mit der sie bis zum Ende ihres Lebens nicht zurechtkommen kann.

6.6 Zwischenfazit

Trotz eines häufigen Perspektivenwechsels und einer relativ hohen Zahl der Figuren ranken sich alle Erzählstränge des Romans um die Lebensgeschichte der Protagonistin, in der besonders ihre Vertreibung aus der Heimatstadt und deren Folgen eine zentrale Rolle spielen. Die Vertreibung der Deutschen aus Brünn stellt die Rahmenhandlung dar, ihre Beschreibung erstreckt sich im Roman über zwei Kapitel.

Die Erzählweise des Romans weist folgende charakteristische Züge auf:

1. Im Roman tritt das multiperspektivistische Erzählen auf, die Geschichte wird von mehreren Stimmen erzählt, sodass der Leser von unterschiedlichen Blickwinkeln aus einen Einblick in das Geschehen erhält. Die hierarchisch übergeordnete Erzählinstanz wechselt sich oft innerhalb eines Kapitels: In den Unterkapiteln kommt dann eine andere Stimme (Barboras, Teresas, Ulas) vor, dabei wird die Ich-Form verwendet. Diese Stimme wird jedoch nicht sofort benannt, sodass eine gewisse narrative Spannung entsteht (Wer spricht?). Der Wechsel zwischen den einzelnen Erzählperspektiven ermöglicht dem Leser ein Hineinversetzen in die Welt verschiedener Figuren und die Betrachtung des Geschehens aus unterschiedlichen Sichtweisen.

2. Die verschiedenen Formen der Wiedergabe der Figurenrede tragen ebenso zur Spannung und Beweglichkeit des Textes bei. Besonders charakteristisch für den Roman ist die Verwendung erzählerischer Techniken wie der erlebten Rede und des inneren Monologs. Diese ermöglichen dem Leser einen tieferen Einblick in die Gedanken- und Gefühlswelt der Figuren. Auf äußerliche Beschreibungen der Figuren wird dagegen fast vollkommen verzichtet.

3. Der gesamte Text weist eine zeitraffende Struktur auf, die jedoch durch die Ausdehnung mithilfe der Dialoge unterbrochen wird. Das dabei Ausgelassene wird im Text häufig durch die Verwendung von Analepsen nachgeholt.

4. Die Benennung der Orte des Geschehens trägt im Roman eine deutliche Funktion: Die Orte treten im Text als kulturelle Erinnerungsräume auf. Brünn, Pohrlitz, Bergen werden in den persönlichen und auch kollektiven

Perspektiven nicht als bloße geographische Orte dargestellt, sondern als Ele-
Elemente der Heimat- und Vergangenheitsdiskurse.

5. In der sprachlichen Gestaltung des Textes lassen sich neben den umgangssprachlichen Elementen auch deutsche und russische Wörter finden. Die Sprache des Romans ist sehr direkt, es finden sich wenige Metaphern und Symbole.

Die Untersuchung des Romans aus narratologischer Sicht hat die Mehrdimensionalität und Komplexität des Werkes aufgezeigt. Vor allem der Wechsel der Erzählperspektive und der zeitlichen Struktur stellt für den Leser eine anspruchsvolle Aufgabe dar, doch die in gewissem Sinne anstrengende Lektüre scheint lohnenswert zu sein, um auf der textimmanenten Ebene implizite Signale eruieren zu können.

7. Inhaltlich-thematische Schwerpunkte

Die Vielfalt der in der tschechischen Vertreibungsliteratur angeschnittenen Themen und Motive ist sehr groß. Vor allem die Gegenwartsliteratur über die Vertreibung zeichnet sich durch unterschiedliche thematische Perspektiven und Aspekte aus. Das ist einerseits auf die historische Distanz der jungen Autorengeneration zu den Ereignissen des 20. Jahrhunderts zurückzuführen, die es ihnen erlaubt, manche Themen neu zu entdecken bzw. diese aus einer anderen Sicht zu präsentieren. Andererseits spielt das neu erwachte Interesse an der eigenen Vergangenheit in der Tschechischen Republik eine gewisse Rolle, wobei die eigene Geschichte nicht mehr als eine Reihe von historischen Fakten verstanden wird, sondern als ein komplexes Phänomen, das auch von kollektiven Erinnerungen, kulturellem Bewusstsein und öffentlichen Debatten beeinflusst bzw. in manchen Fällen sogar geformt wird. Vor der modernen Literatur über die Vertreibung (wie allerdings vor jeder Literatur über ein komplexes historisches Thema) steht also eine schwierige Aufgabe: Nicht nur eine rekonstruierte Geschichte zu gestalten, sondern sich auch kritisch mit den Diskursen zu beschäftigen und auseinanderzusetzen, die im Kontext der Vertreibung existieren.

Diese Tendenz der jüngsten tschechischen Vertreibungsliteratur erklärt auch die Tatsache, dass Tučková in ihrem Roman nicht nur unterschiedliche historische Bilder und Ereignisse ins Blickfeld rückt, sondern auch versucht, die Prozesse der Vertreibungsgeschichte konsequent in ihrer breiten und grundlegenden Perspektive darzustellen. Die Vertreibung wird in *Vyhnání Gerty Schnirch* als zusammenhängendes historisches, soziales und kulturelles Phänomen kenntlich gemacht.

Eine rein literaturwissenschaftliche Interpretation der im Roman vorkommenden Motive und Aussagen erweist sich in diesem Fall unzureichend. So wird bei der folgenden Analyse auch ein kulturwissenschaftliches Instrumentarium herangezogen, vor allem wenn es um komplexe Konstruktionen wie Identität oder Erinnerungsorte geht. Im folgenden Kapitel werden also die signifikanten Aspekte stets in einen Zusammenhang mit der

gesamten Vertreibungsproblematik gebracht und anhand des zuvor narratolo-
narratologisch analysierten Textes untersucht. Primär ist hierbei die Diskussion
des Begriffs der Vertreibung im Roman wichtig, danach werden solche Themen
wie die deutsch-tschechischen Verhältnisse vor und nach der Vertreibung, die
Schulddiskurse sowie die Suche nach einer (verlorenen) Identität und der Hei-
Heimatverlust als Erfahrung der Vertreibung diskutiert. Dabei wird der Frage
nachgegangen, wie diese Themen im Roman konstruiert werden und welche
Konturen des Vertreibungsbildes sich daran abzeichnen.

7.1 „Němci museli být s města vyvedeni"[82]: Vyhnání / Vertreibung

Bereits der Titel des Romans stellt ein interpretatorisches Problem dar, das für
die Analyse des Romans von großer Relevanz ist. Die Verwendung des Wortes
vyhnání mag den mit dem Thema vertrauten Leser an die Problematik der Ter-
minologie erinnern, die im Rahmen der wissenschaftlichen Diskussion in Tschechien über die Ereignisse der Vertreibung bis heute geführt wird. Unter dem Begriff *vyhnání* (dt. *Vertreibung*) wird oft die erste Phase der Vertreibung verstanden, die sogenannte ‚wilde Vertreibung', bei der es zur Brutalität und Morden
gegenüber den deutschen Bewohnern kam. Dagegen wird mit dem tschechischen Wort *odsun* die Abschiebung der deutschen Bevölkerung ausgedrückt, die
organisierte und geplante Deportation. Umso interessanter ist, dass Tučková gerade den problematischen Terminus *vyhnání* in den Titel ihres Romans auf-
nimmt. Insofern stellt sich die Frage, was im Roman unter diesem Begriff konkret verstanden wird.

So kann beispielsweise die Vertreibung von Gerta, auf die bereits im Roman-
Romantitel hingewiesen wird, auf der rein rechtlichen Ebene als problematisch
verstanden werden. Letztendlich werden Gera und ihre Tochter nicht aus der
Tschechoslowakei vertrieben, wie es z.B. Karel im Gespräch mit Gerta immer
betont (vgl. Tučková: 235). Später bekommt Gerta die tschechoslowakische
Staatsangehörigkeit und dadurch die Möglichkeit, in ihre Heimatstadt Brünn
zurückzukehren. Im Falle ihrer Freundinnen Teresa und Ula handelt es sich um
eine Flucht nach Wien, die durch Vertreibung ausgelöst wird. Doch wenn man
die Geschichte Gertas und anderer zur Vertreibung bestimmter Frauen

---

[82] Tučková: 244; „Die Deutschen mussten aus der Stadt herausgeführt werden".

betrachtet, wird klar, dass die Ereignisse vom 31. Mai 1945 das Leben der Figuren für immer verändert haben. Auch nachdem Gerta als tschechoslowakische Staatsangehörige nach Brünn zurückkehrt, kann sie nicht mehr zu ihrem alten Leben zurückkehren: Seitens der tschechischen Bevölkerung wird sie immer noch als Deutsche betrachtet, sie bekommt keine qualifizierte Arbeit und muss ständig in Angst um ihre kleine Tochter leben, die es aufgrund ihrer Herkunft in der Schule nicht leicht hat. Auch Gertas Freundinnen erleiden ein ähnliches Schicksal: Teresa und Ula müssen auch nach ihrer Flucht nach Österreich ums Überleben kämpfen.

Diese Aspekte zeigen, dass der Begriff *vyhnání* im Roman nicht nur in Bezug auf die historischen Ereignisse bzw. nicht nur als Beschreibung der physischen Ausweisung der Deutschen aus der Tschechoslowakei verwendet wird. ‚Vertreibung‘ bedeutet symbolisch auch Ausgeschlossenheit aus dem Leben, aus der tschechoslowakischen (oder im Falle von Teresa und Ula der österreichischen) Gesellschaft, sie wird zur Metapher des Leidens, der Unsicherheit, des Traumas.[83] Öffentlich sagt Gerta dies nur einmal im Gespräch mit ihrem Geliebten Karel, aber dieser Gedanke bestimmt ihr Leben und ihre Handlungen:

-   Zjistil jsem tam, že tě nevyvedli.
-   Ale vyvedli, řekla Gerta.
-   Ne z republiky.
-   Z republiky ne. Ale z města. Z našeho bytu a z mého života. A proto je ze mě to, co je ze mě teď. V létě jsem dělala na poli, v zimě budu zase v kravíně. Vyvedli mě úplně ze všeho. (Tučková: 235f.)

-   Dort habe ich erfahren, dass man dich nicht herausgeführt hat.
-   Doch, hat man, sagte Gerta.
-   Nicht aus der Republik.
-   Nein, aus der Republik nicht. Aber aus der Stadt. Aus unserer Wohnung und meinem Leben. Und deshalb ist aus mir das geworden, was ich heute bin. Im Sommer habe ich auf dem Feld geschuftet, im Winter werde ich wieder im Kuhstall arbeiten. Sie haben mich aus allem herausgeführt.

Die Vertreibung prägt somit jeden, der sie miterlebt hat, aber auch diejenigen, die sich mit den Ereignissen auseinandersetzen möchten (wie auch das Schicksal Karels zeigt). Vertreibung heißt immer Verlust, sei es Verlust des Lebensraums

---

[83]   Vgl. dazu das Gespräch mit Kateřina Tučková vom 20.02.2012, s. Anhang B, S. 97.

(Wohnung, Haus, Heimat), der geliebten Menschen oder der menschlichen Würde.

Die Unmenschlichkeit der Vertreibung in *Vyhnání Gerty Schnirch* wird anhand grausamer Szenen dargestellt, etwa durch die Vergewaltigung der Frauen durch die sowjetischen Soldaten und Tschechen, Morde an Deutschen, Selbstmorde der vergewaltigten Frauen, Tod durch Typhus und Erschöpfung. Diese Erfahrungen werden zu einer dauernden psychischen Belastung der Überlebenden, sie prägen das Leben der Romanfiguren oft bis zum Tod. Der Schmerz und das Leiden werden mit den Jahren nicht weniger, da einerseits die Betroffenen über die Vertreibung nicht offen sprechen können („Nemluvím o tom, protože nevím, jak se takové věci říkají. Je to prosté. A navíc se mi doopravdy nechce." Tučková: 365; „Ich spreche nicht darüber, weil ich nicht weiß, wie man über solche Sachen sprechen kann. So einfach ist das. Und außerdem will ich wirklich nicht darüber sprechen") oder dürfen (wie im Falle der Bespitzelung Gertas durch die SNB, was die Unmöglichkeit jeglicher Kontakte mit ihren Freundinnen im Ausland zur Folge hat); andererseits kommen immer mehr erschreckende Fakten über die Vertreibung ans Licht, z.B. bei der Geschichte über den Mann von Johanna, den sie auch Jahrzehnte nach seinem Verschwinden für lebendig hält. Erst im Gespräch mit dem alten Deutschen Schweiger, einem der wenigen männlichen überlebenden Vertriebenen, erfährt Johanna, dass ihr Mann während der Vertreibung auf brutalste Weise ermordet wurde, nämlich mit dem Stuhl von der Treppe hinuntergeworfen. Schweiger, der mehrere solche Szenen miterleben musste, beschreibt seine Gefühle im Gespräch mit Johanna wie folgt:

Nejstrašnější na tom bylo, že to všechno se dělo bez jakékoliv logiky. Bez pravidla a bez možnosti to ovlivnit. Platilo jediné. Padni komu padni. Umíte si teď představit, že váš život visí na náhodě? Neumíte. Nikdo neumí. S tím se totiž nedá žít. To je úplně proti přírodě, proti zdravému rozumu. Proto potom taky tolik šílených. To jste chtěli slyšet? No, tak tady to máte. Co jste si myslely? Vždyť jsme prohráli válku, byli jsme hitlerovci, jeden vedle druhého. Němec, tak Hitlerův. Pravda je, že někteří si to zasloužili. Ale takhle... to ne. A co je nejhorší, slízli to i takoví, co se celou válku styděli, že byli Němci [...]. (Tučková: 367f.)

Das Schrecklichste daran war, dass alles ohne jegliche Logik geschah. Ohne Regeln und ohne Möglichkeit, das Geschehen zu beeinflussen. Es zählte nur eins. Es trifft, wen es trifft. Können Sie sich vorstellen, dass ihr Leben von einem Zufall abhängt? Sie können es nicht. Niemand kann es. Man kann damit nämlich nicht leben. Das ist ganz gegen die

Natur, gegen den gesunden Verstand. Deswegen gab es danach so viele Verrückte. Wollten Sie das hören? Na, hier haben Sie es. Was haben Sie sich gedacht? Schließlich haben wir den Krieg verloren, für sie waren wir alle Nazis, einer wie der andere. Ein Deutscher, dann gleich Hitler-Anhänger. Manche haben es auch verdient, das stimmt. Aber doch ... nicht so. Und das Schlimmste ist, es hat auch solche betroffen, die sich den ganzen Krieg lang dafür geschämt haben, Deutsche zu sein [...].

Der Ausschnitt thematisiert die Sinnlosigkeit und Ungerechtigkeit der Bestrafung, der alle Deutschen aus dem Sudetenland wegen der Kollektivschuldzuweisung zum Opfer fallen. Dieser Diskurs zieht sich durch den gesamten Roman, er wird vor allem von Gerta in Briefen und ihren Gesprächen mit Karel, Teresa und Barbora artikuliert. Solche Beispiele, die sich häufig als Rückblenden nach und nach in die Geschichte einflechten, zeigen das vollständige Bild der Vertreibung.

Diese Komplexität wird auch in weiteren vielschichtigen Motiven in Bezug auf Vertreibungsbilder ausgedrückt: In *Vyhnání Gerty Schnirch* treten neben den bisher in der tschechischen Vertreibungsliteratur behandelten Themen auch neue Fragen auf: Wie lebten die Deutschen, die aus unterschiedlichen Gründen in der Tschechoslowakei bleiben konnten bzw. durften, nach der Vertreibung? Welche Folgen hatte die Erfahrung der Vertreibung für sie? Im untersuchten Roman wird außerdem der Einfluss des Vertreibungstraumas auf die späteren Generationen thematisiert: Barbora, Gertas Tochter, leidet ihr ganzes Leben lang unter der Kälte ihrer Mutter, das Unausgesprochene prägt auch sie. Nur Blanička, Gertas Enkelin, sieht das Leben ihrer Großmutter als schmerzhafte Geschichte. Sie wird somit zu einer Brücke zwischen Gerta und der Gegenwart. Im Roman wird also nicht nur der deutsch-tschechische Konflikt behandelt, sondern auch der Konflikt zwischen den Generationen, der zum größten Teil durch die historischen Transformationen (wobei die Vertreibung hier eine Schlüsselposition einnimmt) ausgelöst wird.

Dass es bei der Aufarbeitung des Traumas der Vertreibung auch um Vergebung und Verzeihung gehen kann, beweist Gertas Freundin Hermína. Erst Jahrzehnte später kann Gerta ihren Mut zusammennehmen und Hermína die Frage stellen, die sie selbst so lange quält:

- Hermíno... opravdu jsi spokojená, když si představíš, žes mohla pracovat v nemocnici, žes mohla žít v Brně a chodit do práce a z práce jako každý normální slušný člověk?

Žes třeba mohla mít muže a děcka, žes mohla každý týden chodit do biografu? Místo toho tady kydáš hnůj a dojíš krávy…
Hermína se krátce zasmála.
- To se pleteš, milá zlatá. Já už hnůj nekydám. […] Jsem dojička. A teď, když zavedli automatizované dojení…děvče, to si ani neumíš představit… (Tučková: 349)

- Hermína … bist du denn wirklich zufrieden, auch wenn du dir vorstellst, dass du in einem Krankenhaus arbeiten könntest, dass du in Brünn leben könntest und wie jeder normale ordentliche Mensch zur Arbeit gehen von der Arbeit kommen könntest? Dass du vielleicht einen Mann und Kinder haben könntest, dass du jede Woche ins Kino gehen könntest? Stattdessen wirfst du hier Heu und milkst Kühe …
Hermína lachte kurz auf.
- Da irrst du dich, meine Gute. Ich werfe jetzt kein Heu mehr. […] Ich bin Melkerin. Und jetzt, als man hier das automatische Melken engeführt hat … Mädchen, das kannst du dir überhaupt nicht vorstellen …

Gerta verurteilt diesen Gestus der Versöhnung mit der Vergangenheit, doch ihr eigenes Trauma kann sie nicht preisgeben. Obwohl sie ständig über ihre eigene Vertreibungsgeschichte und auch über die Schicksale ihrer Freundinnen und das Karels nachdenkt, teilt sie ihre Gedanken mit niemandem, auch mit ihrer Tochter Barbora nicht:

Nepopírá, že to byla její chyba, že dnes Barbora nejeví zájem o ni ani o jejich minulost. Stalo se to tenkrát, když byla ještě dítě, během těch věčných dotazů na jejich rodinu a otce, které Gerta nedokázala zodpovědět. Svezlo se s nimi všechno, a proto Gerta celou rodinnou historii zapouzdřila do tajemství. Tabu. (Tučková: 389)

Sie bestreitet es nicht, es war ihr Fehler, dass Barbora kein Interesse an ihr und ihrer Vergangenheit hat. Dazu kam es bereits damals, als sie noch ein kleines Kind war und Fragen nach ihrer Familie und ihrem Vater stellte, die Gerta nicht beantworten konnte. Mit diesen Fragen hing alles zusammen, und deshalb versteckte Gerta ihre ganze Familiengeschichte wie ein Geheimnis. Ein Tabu.

Gerta beschäftigt sich stets mit ihrer Vergangenheit, von der Gegenwart nimmt sie nicht viel wahr. Die eher apathische Reaktion auf die Ereignisse der Außenwelt ist Ausdruck des emotionalen Zustandes der Protagonistin: Sie glaubt nicht mehr an die großen Versprechungen der Mächtigen – Kommunismus und Stalinismus nimmt sie genauso wie seinerzeit den Nationalsozialismus wahr: antriebs- und hoffnungslos. Bald gibt es für sie auch keine Hoffnung mehr auf eine Entschuldigung gegenüber den Opfern der Vertreibung. Als eine solche Entschuldigung seitens der Regierung tatsächlich zustande zu kommen scheint, zweifelt Gerta daran, ob diese ihr noch helfen könne:

A vyřešilo by se to nějakou omluvou? Těch padesát let, během kterých jsem nebyla stejná jako ostatní? Myslíš, že bych mohla zapomenout... v letech, kdy už mi nic jiného než vspomínky nezbývá? (Tučková: 392)

Und würde sich etwas durch eine Entschuldigung lösen? Diese fünfzig Jahre, in denen ich nicht wie alle anderen Menschen war? Denkst du, ich könnte es vergessen ... in dieser Zeit, in der mir nichts anderes übrig bleibt, als sich zu erinnern?

Schwer interpretierbar in Bezug auf die Vertreibungsdiskussion ist das Ende des Romans.[84] Gerta stirbt in den Armen ihrer Tochter, die erst jetzt zu verstehen beginnt, was ihre Mutter erlebt hat und was das Mutter-Tochter-Verhältnis so problematisch gemacht hat. Doch gerade die Darstellung von Gertas Tod bietet sich als geeignetes Mittel für die Intention der Autorin, die Vertreibung objektiv und vielschichtig zu beschreiben. Mit Gerta Schnirch konzipiert Tučková eine Figur, die zum Opfer der Geschichte, des gegenseitigen Hasses und stereotyper Einstellungen zweier Nationen wird. Durch diese literarische Konstruktion wird eine Sicht auf die Geschichte der Vertreibung eröffnet, die das Aufzeigen der hohen Komplexität dieses historischen Ereignisses ermöglicht.

In diesem Sinne, also als symbolische Vertreibung der Protagonisten aus dem Leben, wird *vyhnání* auch in der Kritik zum Roman verstanden, wie es etwa aus der Rezension von Michaela Hečková hervorgeht:

Vyhnání z titulu knihy je tak symbolické hned na několika různých úrovních. Gerta není jen reálně vypuzena ze svého domova, je „odsunována" celý život – mužem, dcerou, s níž má kvůli nepřenositelným traumatickým zkušenostem špatný vztah, i totalitním režimem.[85]

Die Vertreibung aus dem Titel des Buches kann auf mehreren unterschiedlichen Ebenen symbolisch betrachtet werden. Tatsächlich wird Gerta nicht nur aus ihrer Heimat vertrieben, sie wird ihr ganzes Leben lang ‚abgeschoben' – durch ihren Mann, ihre Tochter, zu der sie aufgrund der unerträglichen traumatischen Erfahrungen ein schlechtes Verhältnis hat, und durch das totalitäre Regime.

---

[84] Vgl. dazu das Gespräch mit Kateřina Tučková vom 20.02.2012, s. Anhang B, S. 97.

[85] Hečková, Michaela: Neodsunuté vzpomínky. In: Reflex vom 03.12.2009, S. 65.

7.2 „A dobrý Němec je jedině mrtvý Němec"[86]: Deutsch-tschechische Beziehungen

Die Darstellung des rasanten Wechsels in den deutsch-tschechischen Beziehungen, die sich während der Vertreibungskampagne in den dramatischen Konflikt verwandeln, und die Frage nach den Gründen dafür bilden das Kernstück des Romans. Die ausnahmslose Ablehnung der Deutschen durch die Tschechen zeigt zwar die öffentliche Meinung zum Nationalitätenproblem in der Tschechoslowakei der unmittelbaren Nachkriegszeit, doch zu dieser Meinungsbildung und zur Eskalation des Konflikts führte ein langer Weg.

In diesem Zusammenhang lässt sich bei der Analyse des Romans feststellen, dass die Vertreibung in *Vyhnání Gerty Schnirch* auf der einen Seite als Zeichen der endgültigen Beendigung des deutsch-tschechischen Zusammenlebens dargestellt wird, jenes Zusammenlebens, das bis zum Kriegsende aus der Sicht der Figuren durchaus funktionierte, was an mehreren Stellen im Text thematisiert wird („Nejhorší je, že by to všechno prostě fungovalo, nebýt téhle zasrané doby." Tučková: 131; „Das Schlimmste daran ist, dass das Ganze auch weiterhin funktionieren könnte, wenn es diese beschissene Zeit nicht gäbe"). Auf der anderen Seite werden die Anfänge des deutsch-tschechischen Konfliktes im Roman bereits in die Zeit des Protektorats Böhmen und Mähren verlegt. Die Wendungen im Verhältnis zweier Nationen spielen auch für die Familie Schnirch eine große Rolle. Während der deutschen Okkupation lehnt Gertas Vater im Sinne der nationalsozialistischen Propaganda alles Tschechische in seiner Umgebung ab: „Jejich domácnost ovládl výsměch a urážky všeho českého. Co Čech, to lokaj, národ srabů, co se klidně prodají. Beze cti." (Tučková: 39; „Bei ihnen zu Hause wurde alles Tschechische verspottet und verachtet. Jeder Tscheche ist ein Lakai, es ist ein feiges Volk, das sich kaufen lässt. Ohne Ehre")

Ein Gefühl des Unverständnisses und der Verzweiflung ergreift Gerta außerdem, als sie erfährt, dass ihre beste Freundin Jana einige Schulkurse, die nur für Deutsche bestimmt sind, nicht mehr besuchen darf. Während Gertas Bruder Friedrich stolz darauf ist, deutsch zu sein, schämt sich Gerta beinahe dafür, sie fühlt sich mehr als Tschechin, so wie ihre Mutter. Diese Situation än-

---

[86] Tučková: 179; „Nur ein toter Deutscher ist ein guter Deutscher".

dert sich nach Kriegsende, mit der Umsetzung der Beneš-Dekrete und der Devise „Němci ven!" („Deutsche raus!"). Der Konflikt zwischen den Nationen wird dabei in erster Linie als ein komplexes Gebilde, ein langer schmerzhafter Prozess gezeigt und die Vertreibung als Resultat dieses Prozesses.

Der rasante Umbruch in der historischen Entwicklung des deutsch-tschechischen Verhältnisses bedeutet gleichzeitig ein Umbruch im Leben der Protagonistin und ihrer Tochter. Sie müssen ihre Heimatstadt verlassen, da Gerta vorgeworfen wird, als Deutsche die Schuld für die Verbrechen des Faschismus mitzutragen. Bei der Schilderung des Umgangs der Tschechen mit den Deutschen während der Vertreibung kommen die Diskurse über Gewalt und Hass seitens der tschechischen Bevölkerung vor, die sich bis heute in einem Tabubereich bewegen.[87]

Der Konflikt zwischen Deutschen und Tschechen vertieft sich auch Jahre später nach dem Krieg. So wird beispielsweise die in der Gemeinde Bergen herrschende Hierarchie zwischen den tschechischen Dorfbewohnern und den deutschen Zwangsarbeitern im Roman thematisiert. Diese Hierarchie kommt im Miteinander der Menschen zum Ausdruck. Die Ablehnung der Deutschen durch die Bewohner des Ortes und die Selbstverständlichkeit dieser Ablehnung für die Tschechen wird zu einem wichtigen Motiv im Roman, was z.B. auch in der Szene eines gemeinsamen Festes in Bergen klar wird:

> Zítra, říkala si Gerta, už bude zase všechno jinak. Z tváří perenských žen na ně budou shlížet ledové, štítivé oči, zase uslyší jen pokřiky příkazů, sem tam sprosté slovo na ulici. (Tučková: 192)

> Morgen, sagte sich Gerta, wird alles wieder anders sein. Die Frauen aus Bergen werden auf sie mit eiskalten, verachtenden Augen herabblicken, wieder bekommt sie nur Befehlschreie und hier und da ein böses Wort auf der Straße zu hören.

Die gegenseitige Entfremdung der deutschen und tschechischen Bevölkerung voneinander wird auch im dritten Teil des Romans zum Thema. Obwohl nur wenige Deutsche nach der Vertreibung rechtlich im Land bleiben durften, hat sich in den Debatten über die deutsche Nachbarschaft kaum etwas verändert:

---

[87] Vgl. Faltýnek, Vilém: O brněnské dívce jménem Gerta Schnirch. Online verfügbar unter: http://www.radio.cz/cz/rubrika/knihy/o-brnenske-divce-jmenem-gerta-schnirch.

Gerta wird auch nach ihrer Rückkehr in Brünn mit den feindlichen Äußerungen als Urteil über alle Deutschen konfrontiert. Dieses einstimmige Kollektivdenken wird auf der politischen Ebene unterstützt. So versucht Gertas Geliebter Karel in den fünfziger Jahren, nachdem er seine gleichgültige Einstellung zu den Schicksalen Deutscher überwunden hat („Nevěděl, kdy Němci z Brna přesně zmizeli. A nevěnoval tomu pozornost, nic, co se obracelo do minulosti, k Němcům, nechtěl vidět." Tučková: 244; „Er wusste nicht, wohin die Deutschen aus Brünn verschwunden waren. Und das interessierte ihn auch nicht, er wollte nichts mehr sehen, was die Vergangenheit und die Deutschen betraf"), die Wahrheit über den Bevölkerungsschwund und Verlauf des ‚Brünner Todesmarsches' herauszufinden. Er rekonstruiert den Prozess der Vertreibung und kommt zu schockierenden Ergebnissen: Es kommen zahlreiche Morde und Gewalttaten ans Licht, die Fakten, die penibel verschwiegen wurden. Seitens der Parteiregierung wird offensichtlich Druck ausgeübt: Karel wird es verboten, sich mit dem Thema weiter zu beschäftigen. Die offizielle Parteilinie gegenüber den Ereignissen während der Vertreibung und den in der Tschechoslowakei gebliebenen Deutschen wird damit deutlich artikuliert:

Jde o to, že když už tu zůstali, tak musí za každou cenu splynout. Rozumíš, soudruhu? To je náš zájem. A rozhrabávat znovu ty Pohořelice, to nikomu, opakuji, nikomu nepomůže. Věděli jsme to tenkrát a víme to i teď. (Tučková: 253)

Wenn sie schon hier geblieben sind, dann müssen sie sich anpassen, darum geht es. Verstehst du das, Genosse? Das ist in unserem Interesse. Und dieses Pohrlitz erneut herauszugraben, das hilft wirklich niemandem, ich wiederhole, niemandem. Wir wussten das damals und wir wissen das auch heute.

Diese Gleichgültigkeit der tschechischen Nachkriegsgesellschaft gegenüber den Vertriebenen kommt im Roman an mehreren Stellen zum Vorschein. So versucht Gertas Freundin Johanna mit ihrem ungerechten Schicksal die Öffentlichkeit zu erreichen, indem sie Zeitungen und auch Organisationen wie das Rote Kreuz anschreibt. Diese Briefe werden nie beantwortet bzw. publiziert.

Welche Wirkung der Konflikt zwischen Tschechen und Deutschen auf die privaten Schicksale hatte, zeigt die Geschichte Janas, Gertas Jugendfreundin aus Brünn. Bei der Beurteilung der Deutschen bedient sich Jana Stereotypen: Alle Deutschen gelten für sie als Verbrecher, auch Gerta, die einst ihre beste Freundin war. Es wird jedoch gleichzeitig thematisiert, dass Jana nicht einfach die pauschalen gegenwärtigen Vorurteile bewahrt und der Polemik der Kollektivschuld verfällt, sondern dass sie ihre privaten Gründe für den Hass gegen Deutsche hat: Es stellt sich heraus, dass sie während der deutschen Besetzung mehrere medizinische Experimente von den Deutschen über sich ergehen lassen musste, was Folgen für ihre psychische und auch physische Gesundheit hatte – die an Folter grenzenden medizinischen Eingriffe führen zur Unfruchtbarkeit der jungen Frau. Die Schuld daran gibt sie jedem Deutschen, deswegen kann und will sie auch Gerta nicht verzeihen.

Dass die Beziehungen zwischen beiden Nationen auch Jahre später unter der fehlenden Auseinandersetzung mit der Vergangenheit und unter einseitiger Wahrnehmung der deutsch-tschechischen Geschichte leiden, macht die Szene, in der Barbora am Lidice-Spiel teilnehmen muss, deutlich: Das kleine Mädchen soll eine Deutsche spielen und dafür von ihren Mitschülern geschlagen werden (Tučková: 301). Barbora versteht allerdings nicht, warum sie zum Opfer solcher Erniedrigungen wird: Ihre Mutter will mit ihr über die Vertreibung nicht sprechen, obwohl das Thema sie in ihren Gedanken quält. Gerta hat nur eine Möglichkeit, sich mit der Vertreibung auseinanderzusetzen, nämlich in Gesprächen mit Karel. Doch nachdem Karel zum Opfer der politischen Repressionen wird, realisiert Gerta, dass sich in der tschechischen Gesellschaft in Bezug auf die Vertreibungsthematik nichts verändert hat. Gerta muss sich immer wieder gegen die Kollektivschuld wehren, die allen Deutschen von tschechischer Seite zugewiesen wird, sie versteht sich allerdings als Tschechin und fühlt sich für ihren Vater und Bruder nicht verantwortlich. Die Protagonistin sieht in ihrer Vergangenheit die Gründe für ihr Leiden, die Gegenwart nimmt sie wie eine Buße für eine Tat wahr, die sie niemals begangen hat. Durch die Demütigungen während der Vertreibung hat sie ihre menschliche Würde verloren. Sie büßt körperlich und seelisch für die Tatsache, dass ihr Vater deutsch war.

Erst nach dem Fall des Kommunismus kann über das Thema der Vertreibung der Deutschen öffentlich gesprochen werden. Auf der tschechischen Seite machen jedoch nur wenige von der neuen Meinungsfreiheit Gebrauch. Ähnlich wie in der Nachkriegszeit herrscht in der tschechischen Gesellschaft die Meinung, dass die Vertreibung als Strafe für den nationalsozialistischen Terror gerecht war. Doch die junge Generation hat immer mehr Fragen, deren Antworten sie selbst suchen muss. Die Jugend kämpft so lange für mehr Offenheit und für die Klärung des Themas Vertreibung, bis der Brünner Stadtrat gegenüber den Opfern der Vertreibung sein Bedauern in einer offiziellen Note ausdrückt. Diese stellt jedoch keine Entschuldigung dar und erwähnt die Möglichkeit einer Entschädigung der Betroffenen noch nicht einmal. Die Zeit des Kampfes geht für Gerta somit zu Ende, ohne dass sie eine Antwort auf die sie das ganze Leben quälende Frage nach dem Warum erhält.

Reflexionen Gertas über die eigene Vergangenheit und auch über das Land, an das sie immer noch so gebunden ist, obwohl sie aus diesem ausgeschlossen wird (Reaktionen Gertas auf die Ereignisse von 1968, auf die Samtene Revolution, ihre Gedanken, die sie nach dem Verschwinden Karels mit keinem Menschen teilen kann) bilden einen wichtigen Teil des Romans, in dem gezeigt wird, wie die Beziehungen zwischen zwei Nationen zu einer persönlichen Tragödie führen können.

7.3 „Nikdy jsem nikomu nic neudělala"[88]: Diskurse über Schuld und Unschuld

Die Vertreibung wurde mit der Annahme der Kollektivschuld aller Deutschen am Krieg und den Verbrechen im Protektorat Böhmen und Mähren gerechtfertigt. Die Richtigkeit und moralische Legitimität dieser These wurde auf der offiziellen politischen Ebene in der Tschechoslowakei bis zum Ende des kommunistischen Regimes so gut wie nie bestritten. Die Theorie der kollektiven Schuld wurde zum festen Bestandteil der politischen Propaganda und fand somit Verbreitung in den öffentlichen Vertreibungsdiskursen. Nur im Samizdat und im Exil konnte eine breite Diskussion mit der Berücksichtigung aller möglichen Interpretationen der Vertreibung – vor allem auf der historiographischen Ebene – weitergeführt werden. Obwohl die historischen Ereignisse der Vertreibung nach der Revolution 1989 grundlegend revidiert wurden, bleibt die Frage nach der kollektiven Schuld bis heute ein kontroverser Diskussionsgegenstand, was auch in den literarischen Texten über die Vertreibung zu sehen ist. Auf der anderen Seite gewinnen in der Gegenwartsliteratur auch andere Aspekte des Schulddis-

---

[88] Tučková: 179; „Ich habe niemandem etwas getan".

kurses an Aktualität, wie z.B. die Akzentuierung der eigenen Schuld und Verantwortung der tschechoslowakischen Bevölkerung.

Im Hinblick auf die Schuldthematik lassen sich in *Vyhnání Gerty Schnirch*
zwei Tendenzen feststellen. Zum einen wird im Roman die Kollektivschuld der
Deutschen deutlich abgelehnt, genauso wie jegliche pauschale Schuldzuweisung, zum anderen steht die Schuldthematik in einem engen Zusammenhang
mit den – allerdings nicht immer eindeutig definierbaren – Täter- und Opfer-
perspektiven.

Der Schuld- bzw. Unschulddiskurs entfaltet sich im untersuchten Text in den
Denk- und Verhaltensmustern der literarischen Figuren. Es ist vor allem Gerta
Schnirch, die Tučková über die Schuld reflektieren lässt. Interessant ist hierbei,
zu verfolgen, wie sich die Einstellung der Protagonistin zu diesem kontroversen
Thema entwickelt.

In den ersten Tagen und Wochen nach Kriegsende wird Brünn immer mehr in
die ethnischen Auseinandersetzungen zwischen Deutschen und Tschechen hin-
eingezogen. Symbolisch ist hier die Szene zu verstehen, als Gerta vor dem Rat-
haus in Brünn die Rede des Präsidenten Beneš hört und solidarisch die Meinung
der Tschechen teilt, wenn es um die Kritik am nationalsozialistischen Regime
geht. Gerta sieht sich ebenfalls als Opfer des Regimes, ihren Vater und Bruder
als Täter. So kann auch sie die Gefühle der Tschechen bezüglich der deutschen
Verbrecher, zu denen sie selbst auch ihren Vater und Friedrich zählt, teilen:

Rozuměla jim, těm vztyčeným rukám kolem a těm rozhořčeným hlasům. I ona byla
jednou z nich, z těch rozzlobených, z těch pomstychtivých, z těch, kteří si chtěli vybít
dlouho snášené ponížení, tisíc ústupků i definitivní zlomení. Matčino. I Gerta chtěla
celou minulost, kterou měla společnou s davem kolem sebe, odsoudit, a zbavit se tak
svého otce i Friedricha, oba by nejraději postavila na pranýř, oba a celý ten *Herrenvolk*
a čistou rasu, kterou představovali. (Tučková: 79)

Sie konnte diese ausgestreckten Hände und die bitteren Stimmen verstehen. Auch sie
war eine von ihnen, von diesen erbosten, nach Rache suchenden Menschen, auch sie
wollte sich von den lang ertragenen Erniedrigungen, tausenden Kompromissen und dem
Zerbrechen befreien. Dem Zerbrechen ihrer Mutter. Auch Gerta wollte ihre ganze
Vergangenheit, die sie mit den Massen um sich herum teilte, zurückbekommen, und
ihren Vater und Friedrich loswerden, die beiden würde sie am liebsten an den Pranger
stellen, die beiden und das ganze *Herrenvolk* und die saubere Rasse, die sie
repräsentierten.

In dieser Passage werden zwei wichtige Aspekte des Schulddiskurses erarbeitet: Zu einem reflektiert die Protagonistin die Gründe für die Schuldzuweisung (als Reaktion auf dauernde Erniedrigung und inneres Zerbrechen), zum anderen fordert sie Strafe und Gerechtigkeit („die beiden würde sie am liebsten an den Pranger stellen") für die Schuldigen, wobei sie diese nicht nur in ihrem Vater und Bruder sieht, sondern in allen Anhängern des nationalsozialistischen Regimes.

Es lässt sich noch eine Reihe von weiteren Textstellen finden, die die Entwicklung der öffentlichen Diskussion über die Kollektivschuldthese in der Tschechoslowakei zeigen. Auffallend ist dabei, dass dieser Prozess im Roman als Parallele zur Verbreitung der nationalsozialistischen Theorien geschildert wird. Die deutschfeindliche Kampagne wird ähnlich wie Demonstrationen der Anhänger des NS-Regimes beschrieben: ausgestreckte Hände, kurze Parolen, die Reden von Beneš stiften Unruhe und Begeisterung in den Massen. Diese provokative Darstellungsweise zeigt den Weg der tschechischen Bevölkerung von der Suche nach einer Erklärung und der Sehnsucht nach einer endgültigen Freiheit vom NS-Regime bis hin zur Begrüßung der ‚Ausführung des deutschen Elements' durch die breite Öffentlichkeit. Letztendlich münden die Demonstrationen und Diskussionen in die ersten Gewaltorgien, die gegen die deutsche Zivilbevölkerung gerichtet sind. „[D]obrý Němec je jedině mrtvý Němec [...]" (Tučková: 179; „Nur ein toter Deutscher ist ein guter Deutscher [...]"): Die Deutschen werden als Masse von Schuldigen angesehen, die keine Vergebung verdient haben und an denen deswegen brutale Rache geübt werden darf.

Die Frage, wofür *alle* Deutschen bestraft werden sollen, stellt sich die Protagonistin erst dann, als sie selbst der Kollektivschuldthese zum Opfer fällt. Auch Gerta soll für die Folgen des politischen Terrors und des Kriegs büßen. Im Gegensatz zu den Brünner Tschechen zweifelt Gerta jedoch, ob die Schuldigen nicht auch in der tschechischen Gesellschaft selbst zu finden sind. So kritisiert die Protagonistin etwa die Passivität der Tschechen während der Zeit des Protektorats und ihre Gleichgültigkeit in Bezug auf die jüdischen Opfer. Diese gesellschaftskritische Einstellung spricht Gerta jedoch nicht öffentlich aus. Das Unverständnis für die zunehmend nationalistische Position der Tschechen wächst in Gerta, bis auch sie und ihre Tochter eines Tages gezwungen werden, die Wohnung, die Stadt und das Land zu verlassen:

> Proč by měla jít ona, která byla po matce Češka, která chodila až do války do české školy, do kurzů pana Kmenty až do poslední chvilky, co to šlo? Proč by opouštěla Janinku, Pressburger Straße, kde vyrostla, jejich byt, ve kterém přivedla na svět Barboru, proč by odtud odcházela, když patřila mezi ty druhé, když měla svědomí čisté? (Tučková: 81)

> Warum sollte ausgerechnet sie gehen, die mütterlicherseits Tschechin war, die in einer tschechischen Schule war und bis zum letzten Moment auch den Kurs von Herrn Kmenta besuchte, so lange es ging? Warum soll sie Janinka, die Pressburger Straße, in der sie aufgewachsen ist, ihre Wohnung, in der sie Barbora zur Welt gebracht hat, verlassen, warum soll sie von hier weggehen, wenn sie hier zu den Anderen gehörte, wenn sie doch ein reines Gewissen hatte?

Sah man bis dahin in den Äußerungen bzw. Gedanken der Protagonistin eine klare unschuldige Opferposition, sieht sie sich während der Vertreibungskampagne auch mit Schuldabwehr konfrontiert. „Nikomu jsem nic neudělala." (Tučková: 179; „Ich habe niemandem etwas getan"), betont Gerta immer wieder. Doch Versuche Gertas, zu erklären, dass ihre Mutter Tschechin war, dass sie selbst genauso gut Tschechisch wie Deutsch spreche, werden nicht erhört.

Während des ‚Brünner Todesmarsches' und der Zeit in Bergen muss sich Gerta weiterhin mit dem Kollektivschuldvorwurf auseinandersetzen:

- Já jsem nikdy nikomu neudělala nic špatného.
  Hanák plácl otevřenou dlaní o desku stolu.
- Každý Němec udělal, každý je vinný, ženská, slyšíte? To Němci si odsouhlasili obsazení Československa, všichni. Neznám jediného, co by to nechtěl. A všichni si tu pak žrali jak prasata v žitě, za protektorátu, každý si tu nahrabal. A všichni Čechoslováci tím trpěli, jasné? Tak teď to všichni Němci pěkně odnesou. A pak ať si táhnou a nechají nás v naší republičce na pokoji. (Tučková: 171f.)

- Ich habe niemandem etwas Schlechtes angetan.
  Hanák haute mit der flachen Hand auf den Tisch.
- Jeder Deutsche hat etwas getan, jeder ist schuld, hören Sie? Die Deutschen waren mit der Besetzung der Tschechoslowakei einverstanden, alle. Ich kenne keinen einzigen, der das nicht wollte. Und alle haben hier wie die Maden im Speck gelebt, während des Protektorats, sie haben sich die Taschen voll gemacht. Und die Tschechoslowaken mussten zusehen, klar? Aber jetzt werden alle Deutschen dafür ganz schön bezahlen. Und dann sollen sie abhauen und uns in unserer kleinen Republik in Ruhe lassen.

Bei der Diskussion der Schuldthematik im Roman werden jedoch nicht alle Deutschen als schuldlose Opfer und alle Tschechen als brutale Täter dargestellt. Genau durch die Ambivalenz des Opfer- bzw. Täterstatus der Romanfiguren wird die Komplexität der Schuldthematik realisiert.

So geht Friedrich, Gertas Bruder, ganz anders mit dem Schulddiskurs um. Jeden Tag denkt der ehemalige Oberleutnant der Wehrmacht an die Verbrechen der deutschen Armee, an denen auch er beteiligt war, an seine Opfer, an seine Schwester und Mutter, die er nach 1943 nicht mehr gesehen hat. Doch Friedrich verspürt keine Schuldgefühle, auch lange Zeit nach dem Krieg glaubt er an die nationalsozialistischen Ideen. Friedrich, der seit Kriegsende in Frankfurt am Main lebt, hasst, wie seinerzeit sein Vater, alles, was mit seiner Heimat zu tun hat. Erst kurz vor seinem Tod fühlt er sich verpflichtet, sich bei seiner Schwester, von der er nicht einmal weiß, ob sie noch lebt, zu entschuldigen, sich von der Schuld zu befreien. Er lässt seine Frau einen Brief an Gerta verfassen, in dem er seine Schwester um Vergebung bittet. Diesen Brief liest Gertas Tochter ihrer im Krankenhaus im Koma liegenden Mutter vor. Barbora glaubt fest daran, dass ihre Mutter sie hören und verstehen kann, so liest sie den auf Deutsch geschriebenen Brief vor. Diese Szene ist eine der stärksten im Roman. Der Kreis schließt sich: Gerta, die sich so lange nach einer Entschuldigung gesehnt hat, bekommt sie, obwohl sie von einer ganz unerwarteten Seite kommt: Als Brief von einem Toten, der seine ideologischen Prinzipien über seine eigenen Gefühle stellte, an eine Sterbende, die am meisten in der Familie Schnirch unter dieser Ideologie gelitten hat.

Tučková deckt in *Vyhnání Gerty Schnirch* verschiedene Facetten der Schuldthematik auf, indem sie die Romanfiguren als eine Art Sprachrohr so konzipiert, dass jede Figur eine eigene Meinung zur gegenseitigen Schuldzuweisung bzw. eigener Viktimisierung ausdrückt. Aufgrund der bereits betonten Figurendichte im Roman können so verschiedene Einstellungen zu diesen Diskursen thematisiert und problematisiert werden. Hierbei ist es interessant, wie dieser Versuch, möglichst viele Betrachtungswinkel zur Schuldthematik heranzuziehen, literarisch situiert wird: Einmal werden Aussagen einer alten deutschen Frau hervorgehoben, die viele Jahrzehnte freundlich mit ihren tschechischen Nachbarn lebte, einmal erzählt Barbora aus ihrer naiv-beschränkten Kinderperspektive, wie sie unter der Gewalt ihrer Mitschüler leiden musste. Mittels solcher differenzierten Figuren werden ambivalente Aussagen gestaltet und dadurch die ganze Komplexität der Problematik gezeigt.

Neben den thematischen Konstanten der Vertreibungsliteratur – der Kritik an der Kollektivschuldthese, der mit der Schuldfrage eng zusammenhängenden Thematik der Vergeltung und Bestrafung – kommen im Roman also auch neue Aspekte im Umgang mit dem Thema Schuld zum Vorschein, wie beispielsweise die Eigenverantwortung der tschechischen Bevölkerung. Dabei verzichtet Tučková in ihrem Roman auf eine eindeutige Schuldzuweisung, was durch die Inszenierung einer komplexen Täter- und Opferkonstellation ausgedrückt wird. Im Unterschied zur früheren tschechischen Vertreibungsliteratur kann man also feststellen, dass über diesen lange Zeit nur einseitig dargestellten Themenkomplex der Schuld und Unschuld in der modernen tschechischen Literatur immer repräsentativer und offener gesprochen wird.[89]

7.4 „Já jsem Češka, vůbec sem nepatřím"[90]: Identitätssuche

Der Fall Gerta Schnirchs, die aus einer deutsch-tschechischen Familie stammt, ist zwar außergewöhnlich, stellt jedoch keine Ausnahme dar: Obwohl die Existenz der sogenannten „gemischten Ehen" nicht oft in der Historiographie und in den öffentlichen Debatten behandelt wurde, gehörten solche Familien zur Realität der tschechoslowakischen Geschichte:

> In diesen „gemischten Familien" war die nationale Identität gewissermaßen doppelt und ließ sich in vielen Fällen auch anhand der familiären Herkunft, der Sprachkenntnisse sowie des sozialen Umfelds bzw. der Lebensweise nicht in die eine oder andere Richtung festlegen.[91]

In so einer „gemischten Familie" wächst auch Gerta auf, und bereits als junges Mädchen wird sie mit ihrer doppelten Identität konfrontiert. Der äußere deutsch-tschechische Nationalitätenkonflikt hat Auswirkung auf ihre Familie: Gertas Va-

---

[89] Vgl. dazu auch: Chitnis, Rajendra: 'Moral Limits': The Expression and Suppression of Guilt in Czech Post-War Writing about the Borderlands. In: Central Europe, 10/2012, S. 18–54.

[90] Tučková: 115; „Ich bin Tschechin, ich gehöre gar nicht hierhin".

[91] Brenner 2009: S. 222.

ter zwingt die Familienmitglieder, nur Deutsch zu sprechen, in Hitlers Regime sieht er eine Hoffnung für die deutsche Minderheit, Gerta wird es verboten, Kontakt zu ihren tschechischen Freundinnen zu haben. Gegen den Wunsch ihrer Mutter („Když se otci chabě bránila, říkala, Gerta to slyšela, že jí tam vymyjí mozek." Tučková: 25; „Als sie [die Mutter – V.K.] sich schwach gegen den Vater wehrte, sagte sie, Gerta konnte das hören, dass man ihr dort eine Gehirnwäsche verpassen wird") wird Gerta zum Mitglied des Bundes Deutscher Mädel, wo sie sich ihres inneren Konfliktes bewusst wird:

> Někdy měla pocit, že mezi ně ani nepatří. Co by za to dala, aby byla normální! Normální německá holka, která je spokojenou členkou Bundu [...]. Z jejích spolužaček sršelo nadšení, třeba při těch závodech, co byly hned ze začátku, aby se ukázalo, co ve které vězí. Gerta se styděla, nehodila koulí ani oštěpem, skok daleký jí nešel a běhala pomalu. Nebyla sama, samozřejmě, která schytala škodolibé úsměšky těch lepších dívek. Byla by snad lepší, kdyby před sebou pořád neviděla matčin starostlivý obličej? (Tučková: 25f.)

> Manchmal hatte sie das Gefühl, dass sie nicht dazugehört. Was würde sie dafür alles geben, normal zu sein! Ein normales deutsches Mädchen, das ein zufriedenes Mitglied des Bundes ist [...]. Ihre Mitschülerinnen strahlten vor Begeisterung, wie zum Beispiel bei den ganzen Wettbewerben, die es von Anfang an gab, um herauszufinden, was jede von ihnen leisten kann. Gerta schämte sich, sie konnte weder Kugeln noch Speer werfen, der Weitsprung gelang ihr nicht und sie lief auch langsam. Sie war natürlich nicht die einzige, die das schadenfrohe Gespött der besseren Mädchen abfangen musste. Wäre sie vielleicht besser, wenn sie nicht ständig das besorgte Gesicht ihrer Mutter vor sich sehen müsste?

Während des Protektorats verschlechtert sich die Situation im Land und in der Familie Schnirch: Als die ‚Heydrichiade' beginnt, wird Gerta zur Zeugin, wie ihre Lehrer und Bekannten unter ungeklärten Umständen aus der Stadt verschwinden. Im August 1944, während der Bombardierung Brünns durch die Alliierten, wird Gertas Freundin Jana schwer verletzt und ins Krankenhaus eingeliefert. Als Gerta versucht, etwas über Janas Zustand bei deren Eltern zu erfahren, wird sie von Janas Mutter als „odporná coura" (Tučková: 308; „eklige Schlampe") bezeichnet und für den angeblichen Tod Janas verantwortlich gemacht. Plötzlich wird sie nur als Deutsche wahrgenommen und entsprechend behandelt.

Die Zugehörigkeit der Figuren zu den jeweiligen Nationalitäten wird im Roman konsistent hervorgehoben. Für Gertas Leben spielt das Problem der Identifikation mit einer bestimmten Nation eine große und schmerzhafte Rolle:

> Jak dlouho jí trvalo, než se se vším smířila? Celý poválečný život, co si tak vzpomíná. Celou dobu, co strávila v Perné a pokoušela se ostatním dokázat, že za nic nemůže a že má stejnou hodnotu jako oni. Marně. (Tučková: 391)

> Wie lange hat es gedauert, bis sie sich mit dem Ganzen abgefunden hat? Wenn sie sich daran erinnert, dann dauerte es ihr ganzes Leben nach dem Krieg. Und auch die ganze Zeit in Bergen, wo sie den Anderen zu beweisen versuchte, dass sie dafür nichts kann, dass sie den gleichen Wert für sie hat. Vergebens.

Nach der Vertreibung der Deutschen muss die Protagonistin der Gesellschaft nun beweisen, dass sie und ihre Tochter nichts mit dem Deutschtum gemeinsam haben:

> Udusit němectví v nich, to bylo to jediné, co pro ně může Gerta udělat. Pro sebe i pro Barboru. Zapomenout na to. Nepředat jí ani kapku otrávené krve, aby se nenakazila ta druhá polovina, kterou má v sobě. Nepoužívat jazyk, který jí, Gertě, přinesl tolik zlého, nepřipouštět si vůbec jeho existenci, nechodit na žádná představení nějakého německého spolku. (Tučková: 272)

> Das Deutschsein in sich ersticken, das war das einzige, was Gerta für sie tun kann. Für sich selbst und für Barbora. Alles vergessen. Keinen einzigen Tropfen vergifteten Blutes an sie weitergeben, damit die zweite Hälfte nicht verdorben wird, die sie in sich trägt. Die Sprache, die Gerta so viel Unglück gebracht hat, nicht mehr benutzen, nicht einmal die Existenz dieser Sprache zugeben, keine Vorstellungen irgendwelchen deutschen Vereins besuchen.

Doch schnell wird Gerta klar, dass diese Strategie des Vergessens und der Vertreibung alles Deutschen aus ihrem Leben nicht funktioniert. Die Rückkehr an ihren Heimatort löst neue Probleme für Gerta und ihre Tochter aus, sodass auch die Erinnerungen, die Gerta gerne aus ihrem Gedächtnis ausradieren würde, stets präsent sind. Das belastet auch Gertas Verhältnis zu Barbora – zusätzlich zum Trauma und dem Geheimnis um Barboras Geburt – enorm: Gerta will und kann nicht über ihre Vergangenheit sprechen, sie verbietet Barbora, Deutsch zu sprechen, doch gleichzeitig kann sie nicht verstehen, warum Barbora kein Interesse für ihre, Gertas, Vergangenheit hat. Die erwachsene Barbora hat dagegen mit ihrer Identität keine großen Schwierigkeiten, sie fühlt sich dank der Bemühungen ihrer Mutter als Tschechin und hat mit dem Deutschtum, mit dem ihre Mutter so schwer zu kämpfen hatte, nichts Gemeinsames mehr. Sie vergleicht ihre Mutter mit einem „lustigen Boxer", der mit sich selbst kämpfen muss (Tučková: 406). Doch dieser Kampf bringt nichts, weder eine offizielle Entschuldigung noch Entschädigung der Deutschen kann die Zeit zurückdrehen. Gerta jedoch, die ihre deutsche Identität tief in sich zu verstecken versucht, verbirgt gleichzeitig auch ihre tschechischen Wurzeln, was auf Barbora befremdlich wirkt. Auch nachdem Gerta ihrer Tochter über ihre Vertreibung erzählt, wächst der Abstand zwischen Barbora und ihrer Mutter. Barbora sieht in ihrer Mutter eine Deutsche, die sich über den tschechoslowakischen Staat nur lustig macht:

> Koukala jsem na ni jako na cvoka. Jako by v mojí mámě byly dvě ženské. Jedna ta ukřivděná německá, co ji vyhnali z domu, a druhá nadřazená německá, co se Čechoslovákům, mezi kterými žije, jen posmívá. A ta česká, co v sobě vždycky viděla, ta jako by někam zmizela. (Tučková: 378)

> Ich habe sie wie eine Verrückte angeguckt. Als ob in meiner Mutter zwei Frauen waren. Die eine war diese unrecht behandelte Deutsche, die aus ihrer Heimat vertrieben wurde, und dann gab es noch die zweite, übergeordnete Deutsche. Die über die Tschechen lacht, unter denen sie lebt. Und die Tschechin, die sie in sich immer gesehen hat, schien irgendwohin verschwunden zu sein.

Die Beziehung zwischen Mutter und Tochter ist dermaßen beeinträchtigt, dass der Kontakt bis auf Grußkarten zu Weihnachten und Geburtstagen reduziert wird. Barbora, die eine Tochter bekommt, interessiert sich weder für die Politik noch für die sozialen Probleme unter dem Kommunismus, genauso wie ihr Mann. Diese Passivität kann Gerta, die in ihrem Leben oft Opfer passiven Zuschauens war, nicht nachvollziehen. Erst Blanka, die Tochter Barboras, kann Mutter und Tochter wieder versöhnen. Blanička, die mit der Geschichte der Vertreibung ihrer Großmutter aufwächst und sie als ernst und wichtig empfindet, wird außerdem zu einem wichtigen Punkt in Gertas Vertreibungsgeschichte, die sie auch Jahrzehnte danach prägt. „[P]robudila se třetí generace." (Tučková: 391; „Die dritte Generation ist aufgewacht"), so erklärt sich Gerta das Phänomen, dass immer mehr und mehr Jugendliche Interesse am Thema Vertreibung finden. Durch den zeitlichen und emotionalen Abstand gelingt es Blanička, die historischen Ereignisse objektiver zu beurteilen als ihre Großmutter und ihre Mutter. Sie sehnt sich nach einer Aufarbeitung der Vertreibung in der tschechischen Gesellschaft und arbeitet, zum Erstaunen ihrer Großmutter, intensiv und konsequent daran mit. Gertas Enkelin weiß den deutschen Teil in sich sogar zu schätzen – das, was sich Gerta jahrelang verboten hat, was sie quälte, nimmt Blanka als selbstverständlich: Sie lernt Deutsch (Gerta, die ihrer Tochter alles Deutsche und vor allem die deutsche Sprache streng untersagt hat, hilft ihrer Enkelin sogar dabei), sie beschäftigt sich mit der deutsch-tschechischen Geschichte. Doch Gerta kann bis zu ihrem Tod nicht verzeihen, dass sie zu einem Menschen ohne Heimat, ohne Wurzeln und ohne Identität gemacht wurde.

In Anbetracht der Problematik der Identität bzw. des Identitätsverlustes deckt *Vyhnání Gerty Schnirch* eine Einstellung auf, die in der modernen tschechischen Literatur nach und nach zu einer Tendenz wird: Die (Selbst-)Bestimmung der Nationalität und dadurch auch der Identität wird als komplizierter Prozess gezeigt, der oft wenig mit den offiziellen Nationalitätszugehörigkeiten zu tun hat.[92] So ist es bei Gerta Schnirch der Fall, die sich bereits vor der Vertreibung mehr zur tschechischen Kultur und Sprache hingezogen fühlt als zur deutschen. Den Gegenpol zu dieser Einstellung stellt Gertas Bruder, Friedrich, dar, der bis zu seinem Tod darauf beharrt, nur Deutscher zu sein.

Der weitere wichtige Punkt, der im Roman angesprochen wird, ist der Umgang mit der Identität der Fremden. Die Opferrolle der Deutschen, (Un-)Möglichkeiten eines Dialogs zwischen Deutschen und Tschechen, Kritik der stereotypen und pauschalisierten Darstellung der anderen Nation – die Antizipation dieser Diskurse findet man zwar auch in diversen Werken der Vergangenheit, doch erst in der jüngsten tschechischen Literatur können sie optimal in den Kontext der Vertreibung eingebettet und diskutiert werden.[93]

---

[92] Vgl. Mindeková, Iveta: Téma rodu a hledání kořenů v současné české próze. In: Fedrová, Stanislava (Hg.): Obraz dějin v české a slovenské literatuře. 7. ročník studentské literárněvědné konference. Praha 2009, S. 122-137, hier S. 128.

[93] Neben Tučkovás Roman kann man hier auch auf *Peníze od Hitlera* Radka Denemarkovás hinweisen, ein Werk, in dem die Identitätsbestimmung und die Stereotype ‚wir' und ‚die Anderen' ebenso eine zentrale Rolle spielen.

7.5 „Doma ani tam, ani tu"[94]: Heimatverlust

Heimat als „sprachlich strapaziertes, pädagogisch ideologisiertes und politisch vergewaltigtes, aber dennoch poetisch umworbenes Wort"[95], als „spezielle Form der Zugehörigkeit und Zusammengehörigkeit"[96] oder als Komplex verschiedener (sozialer, philosophischer, ethnologischer und anthropologischer) Faktoren, die für einen Menschen signifikant sind und sein Leben auf verschiedene Art und Weise beeinflussen und prägen, ist seit Langem ein fester Bestandteil der literaturwissenschaftlichen germanistischen Analysen zum Thema Vertreibung.[97] In den bohemistischen Untersuchungen zur Vertreibungsliteratur war der Begriff der Heimat als eines textuellen Phänomens bisher von geringerer Bedeutung, was vor allem darauf zurückzuführen ist, dass das Thema nie zum zentralen Gegenstand der tschechischen Vertreibungsliteratur gehörte und in den literarischen Werken eher am Rand behandelt wurde. Umso energischer wird diese Materie von den Autoren der neuesten tschechischen Vertreibungsliteratur aufgegriffen.

In Bezug auf *Vyhnání Gerty Schnirch* scheint Heimat als Untersuchungspunkt von großer Wichtigkeit zu sein, was bereits im Kapitel zur räumlichen Struktur des Romans erwähnt wurde. Im Folgenden soll der Heimatdiskurs im Text näher erörtert werden.

Nach ihrer Vertreibung verliert Gerta nicht die Hoffnung, in die vertraute Heimat zurückzukehren. Die Erinnerungen an Brünn – neben den Gedanken an die kleine Tochter – halten die junge Frau am Leben. Sie teilt diese Erinnerungen in Gesprächen mit anderen Frauen. Der Topos der verlorenen Heimat wird hier also durch die Reminiszenzen an das frühere Leben in Brünn ausgedrückt, was im Allgemeinen den Traditionen der literarischen Darstellung des Heimatverlustes entspricht.[98] Brünn wird in den Erinnerungen und Gesprächen der Frauen zu einem traumhaften Ort, wo sie einst ihr Zuhause und Familien hatten.

---

[94] Tučková: 336; „Weder dort noch hier zu Hause".

[95] Arendt, Dieter: Vom literarischen „Recht auf Heimat" oder: Das Motiv Heimat in der Literatur. In: Feuchert, Sascha (Hg.): Flucht und Vertreibung in der deutschen Literatur. Frankfurt am Main 2001: S. 15.

[96] Schaal 2006: S. 4.

[97] Schaal 2006: S. 4.

[98] Vgl. Schaal 2006: S.21.

Bei diesem Akt der Erinnerungen und des Erzählens der vertriebenen Frauen ist auch das Motiv der Rückkehr an den verlorenen Ort festzustellen, oft auch imaginiert in Träumen, Wünschen und Vorstellungen.

Der Wunsch der Vertriebenen, sich die verlorene Heimat ins Bewusstsein zu rufen und so den Schmerz des Verlustes und die Sehnsucht zu mindern, bewegt sie dazu, sich die vertrauten Orte und Straßen durch das Erinnern und Erzählen zu vergegenwärtigen. Auffallend ist hierbei, dass die Sprache des Romans auch bei der Erwähnung der Heimatorte durch die Erzählfiguren ebenfalls nüchtern bleibt, was für die Auseinandersetzung mit den Heimatdiskursen in der Vertreibungsliteratur eher atypisch ist:

> Die Trennung von der Heimat, der Lebensbruch, der viele Erzählungen vom Heimatverlust durchzieht, ist beides. Er ist zu einem ein unvergeßliches Trauma; und er ist zum anderen die Bedingung für jene poetische Produktivität, mit deren Hilfe sich der erzählten Katastrophe die Kreativität des Erzählens gegenüberstellen läßt. Der Verlust des Ursprungsortes ist in Erzählungen vom Heimatverlust deshalb auch positiv semantisiert – so verwunderlich eine solche positive Semantisierung angesichts historischer Flucht- und Vertreibungsschicksale auf den ersten Blick auch erscheinen mag.[99]

An den Stellen im Roman, an denen an die alte Heimat erinnert wird, fehlt diese besagte „poetische Produktivität". Zwar werden die Erinnerungen auch mithilfe der positiven Semantisierung gestaltet, doch der schmuck- und metaphernlose Stil, der für das ganze Werk charakteristisch ist, wird auch beim Erzählen über die Heimat beibehalten. So wird die Heimat hier nicht als idyllischer Ort dargestellt, wie es in der Literatur der Vertreibung sonst üblich ist.[100]

Doch die Hoffnung auf die schnelle Rückkehr geht verloren, je länger die Frauen als Zwangsarbeiterinnen in Bergen bleiben müssen:

> A o budoucnosti, o té už žádná nemluví. Ze začátku to ještě slýchala: až se vrátím do Brna, nebo až odtud odejdu, nebo až tohle skončí. (Tučková: 202)

---

[99] Schaal 2006: S. 24.

[100] Vgl. Bauer, Stefan: Das Bild der Heimat in der sudetendeutschen Trivialliteratur. In: Heumos, Peter (Hg.): Heimat und Exil. Emigration und Rückwanderung, Vertreibung und Integration in der Geschichte der Tschechoslowakei. München 2001, S. 37-58, hier S. 40.

Und über die Zukunft spricht jetzt keine mehr. Am Anfang hörte sie noch: „Wenn ich nach Brünn zurückkehre" oder „Wenn ich von hier wegziehe" oder „Wenn das hier zu Ende ist".

Die traumatisierten, erschöpften Frauen denken jetzt nur an die Alltäglichkeiten, es geht ihnen um die nackte Existenz. Die Unerträglichkeit der täglichen Erniedrigungen und die Unmöglichkeit einer Rückreise in die alte Heimat bewegen Gertas Freundinnen Ula und Teresa dazu, nach Österreich zu fliehen. Die Reflexionen Gertas, die in Bergen bleibt, nach der Flucht ihrer Freundinnen zeigen, dass auch sie langsam realisiert, dass Brünn für sie für immer verloren gegangen ist:

A co vlastně chtěla Gerta? Chtěla zase zpátky domů. Chtěla domov, jejich kuchyň, v něm matku, svůj pokoj, květiny, které pěstovali na chodbě. Chtěla věřit v návrat Friedricha a v setkání s Janinkou. A s Karlem. Jejich byt už jí ale nepatřil. Do něj se nevrátí. […] Gerta by chtěla zpátky do Brna, kde je její domov, ona neumí žít v neznámém městě mezi cizími lidmi. Ale kam v Brně půjde? A ještě k tomu s Barborou. Na koho by se mohla obrátit? […]
Tak proč ji to tak táhne do Brna, když ani neví, kam nebo za kým by šla? (Tučková: 212)

Und was wollte eigentlich Gerta? Sie wollte zurück nach Hause. Sie wollte ihr Heim zurück, ihre Küche, die Mutter zu Hause, ihr Zimmer, die Blumen, die sie im Flur züchteten. Sie wollte an die Rückkehr Friedrichs und an ein Wiedersehen mit Janinka glauben. Und mit Karel. Doch die Wohnung gehörte ihr nicht mehr. Dorthin kann sie nicht mehr zurück. […] Gerta möchte zurück nach Brünn, dorthin, wo ihr Zuhause ist, sie kann nicht in einem fremden Ort unter fremden Menschen leben. Aber wo soll sie in Brünn hin? Und dann noch mit Barbora. An wen könnte sie sich denn wenden? […]
Warum zieht es sie denn so sehr nach Brünn zurück, wenn sie nicht einmal weiß, wohin oder zu wem sie dort gehen könnte?

Die Erinnerungen der Protagonistin an die Heimat werden in diesem Textabschnitt erzähltechnisch auf mehreren Ebenen realisiert: Hier werden außer dem Bild der Stadt Brünn als einer selbständigen kulturellen Erinnerungslandschaft auch solche ‚kleineren' Erinnerungselemente wie die Wärme in der Küche, Gedanken an die Mutter, Treffen mit Freundinnen und mit Karel hervorgehoben. Auf der anderen Seite weist das zitierte Fragment die Erkenntnis der Protagonistin auf, dass die verlorene Heimat nie mehr wiedergefunden werden kann. Die Vorahnung Gertas wird Jahre später wahr, als die Rückkehr nach Brünn für die Protagonistin tatsächlich zur Realität wird: Die Gefühle Gertas beim Wiedersehen mit der alten Heimat werden zwar im Roman indirekt durch Barboras Perspektive artikuliert, doch die Entwicklung der Geschichte nach der Rückkehr zeigt, dass der Heimatverlust nicht mehr rückgängig gemacht werden kann. Gerta und ihre Tochter verlieren nicht nur ihr altes Haus und die vertraute Umgebung, sondern auch die Sicherheit und Freiheit, die sie vor der Vertreibung in Brünn hatten.

Im Unterschied zu Gerta, die nach ihrer Rückkehr in ihrer alten Heimat Brünn als Deutsche abgelehnt wird, werden Ula und Teresa in ihrer neuen Heimat Österreich stets als ‚fremde Tschechinnen‘ wahrgenommen. Die Frauen versuchen trotzdem, eine neue Existenz in der Ferne aufzubauen, sich in die österreichische Gesellschaft zu integrieren und sich allmählich von den Schrecken der Flucht- und Vertreibungserinnerungen zu lösen. Doch zum Trauma des Heimatverlustes kommen noch die Probleme der Nicht-Zugehörigkeit, die vor allem aufgrund der Sprache der Figuren von den Einheimischen schnell festgestellt wird. So wird Teresa permanent mit ihrer Herkunft konfrontiert, was ihr das Ankommen und die Integration in der neuen Heimat schwer macht:

> Já jsem byla pro Rakušáky jen česká šlempa, i ta poslední kráva v nemocnici se na mně svezla. Nemohla jsem si nic dovolit, měla jsem být ráda, že mě v Rakousku vůbec nechali […]. (Tučková: 334f.)

> Für die Österreicher war ich immer nur eine tschechische Schlampe, und jede blöde Kuh hat mich ausgebeutet. Ich durfte mir nichts erlauben, ich sollte froh sein, dass ich in Österreich überhaupt bleiben durfte […].

> Vždycky mě prozradilo bémákování, ten náš měkký brněnský přízvuk, nebyla jsem s to si osvojit to jejich *weanerisch*. Sotva jsem promluvila, hned věděli, že jsem *Tschechin*. A vědí to dodnes a reagujou, jen si představte ty ksichty. (Tučková: 335)

> Mich hat immer unser weicher Brünner Akzent verraten, ich konnte mir ihr *Weanerisch* einfach nicht aneignen. Kaum habe ich ein Wort gesprochen, konnten alle sofort erkennen, dass ich *Tschechin* bin. Und sie erkennen es heute immer noch, und wie sie darauf reagieren, stellt euch nur diese Fressen vor.

Obwohl für Teresa die innere Nähe zur Tschechoslowakei im Laufe der Zeit immer mehr abnimmt und die Distanz zur Vergangenheit immer größer wird, drückt sie die bitter-schmerzhafte Bilanz ihrer Flucht nach Österreich in den Worten „Doma ani tam, ani tu" (Tučková: 336; „Weder dort noch hier zu Hause") aus. Der Verlust der Heimat, der Sprache und der Identität wird demnach zum gemeinsamen Schicksal, zum existenziellen Problem, das alle Vertriebenen teilen müssen, auch die, die im Land geblieben sind.

Der Roman bietet im Hinblick auf das Thema der Heimat viele Betrachtungsmöglichkeiten. So kann man hier die in der (vor allem deutschsprachigen) Vertreibungsliteratur etablierten Diskurse über den schmerzhaften Verlust der Heimat feststellen, die durch solche Erzähltechniken wie das Erinnern der Romanfiguren an die alte Heimat und den Austausch dieser Erinnerungen realisiert werden. Neben dem Verlust der Heimat lassen sich in *Vyhnání Gerty Schnirch* außerdem solche thematischen Aspekte ermitteln, die Schwierigkeiten der Deutschen ansprechen, die an ihre Heimatorte aus verschiedenen Gründen zurückkehren konnten und dort jedoch als Fremde empfangen wurden, was Gertas Fall darstellt. Des Weiteren wird im Roman auch auf die Problematik der Integration der Vertriebenen in der neuen Heimat eingegangen, was exemplarisch an den Schicksalen Ulas und Teresas illustriert wird.

8. Fazit und Ausblick

Diese Arbeit hatte sich zum Ziel gesetzt, die literarische Darstellung der Vertreibung im Roman *Vyhnání Gerty Schnirch* von Kateřina Tučková zu untersuchen. Dabei wurde festgestellt, dass die Vertreibung in diesem Werk als ein heterogenes und differenziertes Konzept konstruiert wird. Dies ist hauptsächlich darauf zurückzuführen, dass dieses historische Ereignis in Tschechien oft nur einseitig wahrgenommen wurde: Aus der Sicht vieler Tschechen war die Vertreibung der Deutschen – besonders in der ‚wilden' Phase – eine gerechte Strafe für die Verbrechen des Nationalsozialismus, mit dem alle Deutschen aus dem Sudetenland assoziiert wurden. In der neusten tschechischen Literatur zum Thema Vertreibung versuchen die Autoren diese Ansichten, die teilweise bis heute in den tschechischen Diskursen über die Vertreibung vorhanden sind, aufzubrechen und ein möglichst breites Bild von der Vertreibung zu liefern. Auch im Roman von Kateřina Tučková ist das der Fall. Das ist allerdings insofern problematisch, dass einem literarischen Werk, das im Zusammenhang mit konkreten historischen Ereignissen steht, oft vorgeworfen wird, es verletze das Bild der geschichtlichen Realität. Dabei wird oft – auch in den literaturwissenschaftlichen Diskussionen – außer Acht gelassen, dass ein literarisches Werk vor allem ein fiktives Werk ist. Obwohl *Vyhnání Gerty Schnirch* sich auf ein konkretes historisches Ereignis (hier: den ‚Brünner Todesmarsch' und seine Folgen für die Vertriebenen) bezieht, handelt es sich bei dem Roman nicht um den Träger der objektiven historischen Sachlichkeit, sondern vielmehr um ein Medium, das mithilfe von heterogenen inhaltlichen, mnemo- und erzähltechnischen Mitteln die wichtigen Vertreibungsdiskurse zum Ausdruck bringt. Dem Roman wird somit eine Funktion gegeben, die deutlich über die reine Unterhaltung des Lesers hinausgeht.

Diese schwierige Aufgabe, die Vertreibung und ihre kulturgeschichtliche Bedeutung als multiples Phänomen in einer differenzierten Sichtweise zu erschließen, hat bei Tučková auch eine komplexe Darstellungsform zur Folge. Dementsprechend ist der analysierte Textköper nicht nur durch ein breites Spektrum der Themen, sondern auch durch eine Vielschichtigkeit erzählerischer Mittel gekennzeichnet. Große Zahl von Erzählsträngen und Figuren, wechselnde Zeit- und Raumebenen, Hybridität der Erzählperspektiven und multiperspektivistisches Erzählen erschweren auf der einen Seite die Rezeption des Werkes durch den Leser enorm. Doch eine permanente Konzentration der Ereignisse auf die Titelfigur und ihre Lebensgeschichte hilft auf der anderen Seite, die Chronologie und Logik des Erzählten zu rekonstruieren. Eine klare, nüchterne Sprache, die nur wenige bildhafte Ausdrücke und Metaphern aufweist, trägt ebenfalls dazu bei.

Die Vertreibung, die im Roman bereits im Titel thematisiert wird, wird als ein traumatisches Ereignis geschildert, das aus vielen Aspekten besteht: Verlust der Heimat, Flucht, Vergewaltigungen, Morde, Zwangsarbeit und Verlust der eigenen Identität. Im Roman wird außerdem die Tatsache problematisiert, dass die Vertreibung Konsequenzen nicht nur für die Betroffenen selbst, sondern auch für ihre Kinder und Enkelkinder hat. So werden drei Generationen – Gerta, Barbora und Blanička – jeweils auf unterschiedliche Art und Weise mit der Vertreibung konfrontiert: Gerta wird ihr Leben lang stigmatisiert; Barbora verliert einen Teil ihrer Identität und kann ihre Mutter nicht verstehen, da sie zunächst nichts über ihre Vergangenheit weiß; Blanička beschäftigt sich dagegen intensiv mit der Geschichte der Vertreibung. Die Vertreibung, *vyhnání*, wird im Roman also nicht nur als historisches Ereignis, bei dem die Deutschen aus der Tschechoslowakei ausgewiesen werden, sondern symbolisch auch als Vertreibung der Protagonistin aus der Gesellschaft, aus ihrer Identität und schließlich aus dem Leben verstanden.

Einzelne Diskurse wie die deutsch-tschechischen Beziehungen vor und während des Protektorats und Schuld- und Opferkomplexe werden im Roman besonders deutlich hervorgehoben. Obwohl keine Stereotype wie ‚böse' und ‚gut' in Bezug auf die Vertreter einzelner Nationalitäten verwendet werden und obwohl die Frage nach Schuld und Unschuld, die in der Vertreibungsliteratur sehr oft thematisiert wird, nicht direkt beantwortet wird (kann sie denn überhaupt deutlich beantwortet werden?), werden diese Aspekte in Bezug auf die Problematik der Vertreibung weder verharmlost noch relativiert.

Einige im untersuchten Roman thematisierten Aspekte in Bezug auf die Vertreibung der Deutschen sind in der tschechischen Literatur prinzipiell nicht neu.

Vor allem die in der Literatur nach 1989 ausgearbeiteten Konzepte der Auseinandersetzung mit der Vertreibung auf der literarischen Ebene sind auch für Tučkovás Werk maßgebend. Das äußert sich vor allem in der literarischen Darstellung der Vertreibung nicht nur aus der allgemeinen historischen Sicht, sondern auch durch das Prisma literarischer Figuren. Mit *Vyhnání Gerty Schnirch* setzt Tučková also die Tendenz der neuesten tschechischen Literatur über die Vertreibung fort, auf die allgemeineren Diskussionen der gesellschaftlichen und politischen Dimensionen der Vertreibung zugunsten der Darstellung der inneren Welt der Figuren zu verzichten.

Es soll hier noch erwähnt werden, dass aufgrund des begrenzten Rahmens dieser Studie nicht alle Aspekte intensiv behandelt werden konnten. So kommt in Bezug auf *Vyhnání Gerty Schnirch* und auch auf andere Werke der zeitgenössischen tschechischen Vertreibungsliteratur (wie beispielsweise Denemarkovás *Peníze od Hitlera* und Zonovás *Za trest a za odměnu*) die Frage auf, warum sich gerade Frauen mit dem Thema beschäftigen und warum oft Frauen als Protagonisten gewählt werden. Der Genderaspekt in der tschechischen Vertreibungsliteratur stellt noch ein unerforschtes Objekt für die Untersuchung dar, was eine Motivation für eine weitere Arbeit auf diesem Terrain wäre. Außerdem wäre es im Rahmen einer größeren Studie interessant, komparatistisch die Besonderheiten, Übereinstimmungen und Unterschiede bei der Darstellung der Vertreibung in der tschechischen und beispielsweise deutschen oder polnischen Literatur zu untersuchen.

Abschließend lässt sich sagen, dass die Repräsentation der Vertreibung in Kateřina Tučkovás Roman *Vyhnání Gerty Schnirch* in vielerlei Hinsicht eine wichtige Erscheinung im Kontext der gesamten Vertreibungsliteratur ist. Die Autorin bringt im Werk zum Ausdruck, dass die Vertreibung in der tschechischen Literatur auch noch mehr als sechzig Jahre nach den tragischen Ereignissen nicht vollständig aufgearbeitet ist. Auf dem Weg zum mühsamen Verständnis des gesamten Bildes der Vertreibung hilft der Roman somit eine Brücke zwischen der Vergangenheit und Gegenwart zu bauen.

9. Anhang A. Ausgewählte Bibliographie tschechischer Werke über die Vertreibung[101]

Autor	Titel	Jahr	Gattung
František Kovárna	*Listy mrtvému příteli*	1945	Roman
Anna Sedlmayerová	*Dům na zeleném svahu*	1947	Roman
Bohumil Říha	*Země dokořán*	1948	Roman
Anna Sedlmayerová	*Překročený práh*	1949	Roman
Václav Řezáč	*Nástup*	1951	Roman
Jaroslav Durych	*Boží duha*	1955	Novelle
Karel Ptáčník	*Město na hranici*	1956	Roman
Rudolf Kalčík	*Král Šumavy*	1960	Roman
Vladimír Körner	*Adelheid*	1967	Novelle
Ota Filip	*Cesta ke hřbitovu*	1967	Roman
Josef Knap	*Cesty vybitých koní*	1967	Erzählung
Jan Procházka	*Kočár do Vídně*	1967	Novelle
Jiří Stránský	*Zdivočelá země*	1970	Roman
Jan Suchl	*Sázka na lásku*	1972	Roman
Vladimír Körner	*Zánik samoty Berhof*	1973	Novelle
Ota Filip	*Nanebevstoupení Lojzka Lapáčka ze Slezské Ostravy*	1974	Roman
Vladimír Körner	*Zrození horského pramene*	1979	Novelle
Věra Sládková	*Malý muž a velká žena*	1982	Roman
Michael Konůpek	*Böhmerwald 600 cc*	1987	Roman

---

[101] Welche Texte dem Bereich ‚Vertreibungsliteratur' zugeordnet werden können, hängt von der ausgewählten Methode und letztendlich von der subjektiven Entscheidung des Literaturwissenschaftlers ab. In die folgende – auf keinen Fall Anspruch auf Vollständigkeit nehmende – Bibliographie wurden die Werke aufgenommen, die der dieser Arbeit zugrunde liegenden Definition der Vertreibungsliteratur entsprechen, d.h. bei denen die Vertreibung zum Hauptthema gehört. So konnten z.B. die Romane *Obsluhoval jsem anglického krále* von Bohumil Hrabal oder *Zbabělci* Josef Škvoreckýs hier nicht berücksichtigt werden, da sie nur ansatzweise das Thema der Vertreibung behandeln.

Pavel Kohout	*Katyně*	1990	Roman
Zdeněk Šmíd	*Cejch*	1992	Roman
Sylvie Richterová	*Druhé loučení*	1994	Roman
Daniela Fischerová	*Prst, který se nikdy nedotkne*	1995	Erzählungen
Pavel Kohout	*Hvězdná hodina vrahů*	1995	Roman
Václav Vokolek	*Pátým pádem*	1996	Erzählungen
Jiří Kratochvil	*Nesmrtelný příběh*	1997	Roman
Pavel Kohout	*Ta dlouhá vlna za kýlem...*	2000	Roman
Radek Fridrich	*Řeč mrtvejch*	2001	Lyrik
Josef Urban	*Habermannův mlýn*	2001	Roman
Jiří Hanibal	*S pečetí viny*	2006	Roman
Jaroslav Rudiš	*Grandhotel*	2006	Roman
Radka Denemarková	*Peníze od Hitlera*	2006	Roman
Anna Zonová	*Za trest a za odměnu*	2008	Roman
Kateřina Tučková	*Vyhnání Gerty Schnirch*	2009	Roman

10. Anhang B. Interview mit Kateřina Tučková

Übersetzung aus dem Tschechischen. Das Interview wurde am 20.02.2012 in Prag durchgeführt. [102]

V.K. In der letzten Zeit scheint das Thema der Vertreibung der Deutschen aus der Tschechoslowakei immer populärer zu werden, es wird darüber in Medien, Filmen und Büchern diskutiert. Hängt das mit der Veränderung der Einstellung zur Vertreibung in der Gesellschaft zusammen? Wie nehmen Sie diesen Prozess wahr?

K.T. Bevor ich mich an das Werk gemacht hatte, habe ich den Historiker David Kovařík kennengelernt, der mich über das Thema informiert hat. Er hat mir erzählt, dass es bis zum Jahr 1995 wirklich so war, als hätten Menschen Angst, über das Thema zu sprechen oder darin zu wühlen, denn das würde eine Menge ungelöster Fälle, wie z.b. Eigentumsfragen, aber auch Gefühle und persönliche Schicksale ans Licht bringen. Also, ich glaube, dass in Tschechien bis zum Jahr 1995 darüber nicht viel gesprochen wurde, aber ab dem Zeitpunkt ging es langsam voran. Es wurde zum Beispiel ein Theaterstück vom Regisseur Bambušek[103] inszeniert, danach haben einige Konferenzen zu diesem Thema stattgefunden, dann wurde viel im künstlerischen Bereich gemacht. Nachdem das Buch im Jahr 2009 veröffentlicht wurde, wurde die Vertreibung der Brünner Deutschen im Theaterstück *Be Free* vom Regisseur Jiří Honzírek im Theater

---

[102] Für bessere Lesbarkeit werden die Namen Kateřina Tučková und Valentina Kaptayn im Folgenden mit K.T. und V.K. abgekürzt.

[103] Der tschechische Dramaturg und Regisseur Miroslav Bambušek beschäftigt sich im Rahmen seines Projekts *Perzekuce* (dt. *Verfolgung*) mit den dunklen Kapiteln der tschechoslowakischen Geschichte. In seinen ‚Bühnendokumentationen' rekonstruiert Bambušek auch die Ereignisse der Vertreibung, zu denen u.a. der ‚Brünner Todesmarsch' oder das Massaker an der deutschen Zivilbevölkerung in Postelberg (tsch. *Postoloprty*) gehören. Vgl. dazu: Liebermann, Doris: Die abgeschobene Geschichte. Ein Gespräch mit Petr Příhoda. In: von Oswald, Anne; Schmelz; Andrea; Lenuweit, Tanja (Hg.): Erinnerungen in Kultur und Kunst. Reflexionen über Krieg, Flucht und Vertreibung in Europa. Bielefeld 2009, S. 183-194.

FESTE wieder thematisiert. Ich glaube, dadurch wurden vielen die Augen geöffnet und die jüngere Generation war nun fähig, dieser Frage ohne irgendwelche Minderheitskomplexe oder Gewissensbisse nachzugehen. Ich denke, dass die Zeit endlich gekommen ist, in der man beginnt, öffentlich darüber zu sprechen und zu diskutieren, auch mit der vorhergehenden Generation, die zwar nicht so offen ist, aber trotzdem gerne an diesen Diskussionen teilnimmt.

V.K. *Und in dieser Zeit haben auch Sie sich dafür entschieden, sich mit der Vertreibungsproblematik zu beschäftigen, allerdings in Form eines Romans.*

K.T. Über die Form habe ich eigentlich nicht lange nachgedacht ... Als ich mit dem Schreiben angefangen habe, entwickelte es sich so wie von selbst und dann sind noch so viele Geschichten dazu gekommen, dass es praktisch von selbst zur Form eines Romans gekommen ist, weil ich für eine Erzählung, eine kürzere Form, einfach viel zu viel Stoff hatte. Und etwas wie eine historische Studie wollte ich nicht schreiben, weil ich auch Emotionen zeigen wollte. Tatsächlich hat es sich wie von alleine geschrieben, es hat sich immer weiter und weiter entwickelt, ursprünglich waren das 520 Seiten, im Verlag wurde es verkürzt, aber es ist auch bestimmt besser so. Der Text hat sich durch die Geschichten der Freundinnen Gertas erweitert, die sie in Bergen kennengelernt hatte.

V.K. *Ist es für Sie nicht paradox, dass die Belletrisitk über die Vertreibung mehr Aufmerksamkeit erhält als Fakten und historische Studien?*

K.T. Na ja, vielleicht ist es kein Paradox, weil die breite Öffentlichkeit eher an den einzelnen Schicksalen interessiert ist, die in einem Roman verständlicher beschrieben werden als in den historischen Materialien. So zieht man dann vor, das Schicksal eines einzelnen Helden zu verfolgen, der die ganze Last des Geschehens trägt, so wie es im Fall von Gerta ist. Mir scheint es sogar logisch zu sein, dass die meisten Menschen sich mehr an der künstlerischen Darstellung als an den Fakten orientieren.

V.K. Würden Sie „Vyhnání Gerty Schnirch" als historischen Roman oder eher als reine Fiktion bezeichnen?

K.T. Das ist keine reine Fiktion, denn das Schicksal Gerta Schnirchs basiert auf zwei Schicksalen, die ich zu einem vereinigte. Außerdem ist [der Roman] auf der Basis realer Ereignisse geschrieben, ich arbeite dort mit realen Fakten, und in den drei Jahren, in denen ich geschrieben habe, habe ich gründlich recherchiert, in den Archiven gearbeitet und Dokumente gelesen. Ich wollte also, dass es auf den realen Ereignissen basiert. Aber gleichzeitig ist vieles im Roman ausgedacht, Freundinnen wie Hermína, Johanna und Tereza existierten in der gleichen Form in Wirklichkeit nicht. Hier in Tschechien gehört es zwar in die Kategorie des historischen Romans und ich habe eigentlich nichts dagegen, aber es so, dass nur die Hälfte authentisch ist, die zweite Hälfte der Geschichte ist fiktiv.

V.K. Es ist interessant, dass es oft Frauen sind, die sich heutzutage mit dem Thema der Vertreibung beschäftigen: Sie, Radka Denemarková, Anna Zonová. Haben Sie dafür eine Erklärung? Oder ist es nur purer Zufall?

K.T. Nun, mit diesem Thema haben sich viele Autoren beschäftigt, auch Männer. Vielleicht spielt für die Frauen (bzw. für mich, wenn ich es aus meiner Sicht betrachte) weibliche Solidarität eine Rolle. Ich fand dieses Gefühl einfach schrecklich, als zwanzigjährige Frau dafür die Schuld zu tragen, was man überhaupt nicht gemacht hat, vorausgesetzt natürlich, dass diese jungen Leute keinen Anteil am Krieg hatten, sie wuchsen lediglich in der Zeit auf, in der es zählte. Und gerade der Gedanke an Frauen [in dieser Zeit] scheint mir wirklich unerträglich. Mir kommt das als ein schreckliches Unrecht vor, dass Menschen wie Gerta Schnirch dafür zahlen mussten.

V.K. Wie sind Sie zu dem Thema gekommen? Woher ist die Motivation zum Schreiben des Romans gekommen?

K.T. Zuerst bin ich in die Bratislavská-Straße in Brünn gezogen, das war im Jahr 2003. Das liegt in einem Viertel[104], das sehr nah am Stadtzentrum ist, dort stehen viele klassizistische und Jugendstil-Bauten, aber es sieht heute katastrophal aus, heute ist es ein Roma-Ghetto, man nennt dieses Viertel auch ‚Brünner Bronx‘, und mich interessierte es einfach, was mit diesem schönen Viertel geschehen ist. Dann habe ich erfahren, dass dort deutsch-jüdische und jüdische Minderheiten gelebt haben ... Allerdings kann man dazu nicht ‚Minderheit‘ sagen, das waren immerhin 25% der Brünner Bevölkerung, das waren viele deutsche Familien. Nach Kriegsende, als die Deutschen durch die Arbeiter der Brünner Waffenwerke vertrieben wurden, haben in diesen Wohnungen die Familien von diesen Arbeitern gelebt, danach sind sie weiter in die neueren Siedlungen gezogen, und dorthin, an die festen Adressen, sind Roma gekommen, damals gab es für sie ein Wanderverbot. Nun und dadurch bin ich zur Erkenntnis gekommen, dass die ursprünglichen Bewohner einfach verschwunden waren, ganze Familien waren verschwunden. So habe ich mich bis zu den einzelnen Schicksalen durchgearbeitet. Nicht alle Figuren im Buch kommen aus diesem Viertel, aber dorthin führte mich der Weg, zu diesem Thema. Danach entdeckte ich – dank David Kovářik – Korrespondenz einer Frau, die tatsächlich diesen ganzen Weg[105] mit ihrer halbjährigen Tochter und einem Kinderwagen gegangen ist. Dann habe ich weitere Zeitzeugen gefunden und sie haben mir berichtet, was im Jahr 1945 passiert ist und was vor dem Krieg und nach dem Krieg geschehen ist.

V.K. *Hat diese Frau als Modell für Gerta gedient?*

K.T. Ein Teil von Gertas Geschichte ist das Schicksal einer Frau, die mit ihrem halbjährigen Baby nach Pohrlitz gehen musste und die dann für die Zwangsarbeiten in Bergen ausgewählt wurde. [...] Dort ist sie bis in die fünfziger Jahre geblieben, danach durfte sie umziehen, allerdings ist sie nicht wie Gerta nach Brünn gezogen, sondern nach Nikolsburg (tsch. *Mikulov*), darin besteht der kleine Unterschied. Ich glaube, dass sie bis heute dort lebt. Ihre

---

[104] Es handelt sich hier um das Brünner Viertel Obrowitz (tsch. *Brno Zábrdovice*).
[105] Gemeint ist der ‚Brünner Todesmarsch‘.

Briefe sind dann in meine Hände gelangt, sie hat nämlich ihr ganzes Leben versucht, Leserbriefe an Zeitungen zu schreiben. Immer wenn es in diesen Zeitungen um die deutsch-tschechische Frage ging, versuchte sie darauf reagieren und ihre Position darzustellen. Sie hat vor allem an die Zeitung *Mährische Gleichheit* (tsch. *Moravská rovnost*) über ihre Erfahrungen geschrieben, diese Briefe waren also eine Art Ventil für sie. So konnte ich dank dieser Korrespondenz alles nachvollziehen, was sie erlebt hat. Und dann hatte ich eine Informantin, die vom Todesmarsch zurückkehrte und in Brünn bleiben konnte, sie hat erzählt, was in Brünn passiert ist, wie die Deutschen diskriminiert wurden. [...] Und ihr Problem wurde eigentlich zum Problem zwischen Gerta und Barbora, diese Kluft und Unfähigkeit, seine eigene Identität und eigene Herkunft zuzugeben. Ich habe außerdem mit einer Reihe weiterer Augenzeugen gesprochen, und die Fälle und Erlebnisse waren sich oft ähnlich.

V.K. *Könnten Sie ein paar Worte zum Titel des Romans sagen? Verstehen Sie hier die Vertreibung als einen historischen Prozess oder mehr symbolisch als Vertreibung Gertas aus dem Leben?*

K.T. Ich habe mich nicht mit der ganzen politischen Korrektheit dieses Begriffs beschäftigt, ob das jetzt Vertreibung oder Aussiedlung heißen soll, denn von Anfang an habe ich es eindeutig als Vertreibung gesehen. Ich habe mir diese junge Frau vorgestellt, die in der Kriegszeit zwischen 16 und 21 Jahre alt ist und mit ihrer Heimat vertraut ist, sie kommt aus einer deutsch-tschechischen Familie und plötzlich wird ihr dafür die Schuld gegeben, Halbdeutsche zu sein. So scheint es mir zu sein, dass es hier um einen Lebensbruch geht, darum, dass die Menschen ihr Leben zerstört haben, also man kann es nicht anders als als Vertreibung bezeichnen, denn sie wurde tatsächlich aus ihrem Leben und aus ihrer Identität vertrieben.

V.K. *Und deshalb war es für Sie wichtig, Gertas Leben auch nach der Vertreibung zu beschreiben? Wollten Sie damit zeigen, welchen Einfluss dieses traumatische Ereignis auf das spätere Leben der Vertriebenen hatte?*

K.T. Ja, bestimmt, aber vor allem bin ich überzeugt, dass es auch nach der Vertreibung nicht aufgehört hat, dass es nicht nur die vertriebenen Personen ihr Leben lang verfolgte, sondern auch die zweite Generation, die zwar nicht so direkt von diesem Trauma betroffen war, aber dennoch mit diesem Problem konfrontiert wurde, da die Eltern mit ihren Kindern nicht darüber sprechen wollten oder ihnen ihre deutsche Identität entziehen wollten, sie wollten es einfach nicht zugeben, wollten ihnen kein Deutsch beibringen. Kurz gesagt, entstand dort eine Art Vakuum, über das man nicht wissen durfte oder zu dem man nur ein schlechtes Verhältnis haben durfte, so wirkte es sich auch auf sie aus. Und eigentlich habe ich das Gefühl, dass die ganze Problematik auch auf die dritte Generation übergreift, im Buch wird das durch Blanička repräsentiert, die sich für ihre Geschichte interessiert und Gerechtigkeit oder eine Entschuldigung für ihre Oma Gerta Schnirch will, also das betrifft auch die dritte Generation. Gewiss stellt die Vertreibung an sich kein Ende dar, weil es weitgehende Folgen für die ganzen Jahrzehnte danach hatte.

V.K. *Ich habe sehr lange über das wirklich tragische Ende dieses Romans nachgedacht: Als Barbora das Leben ihrer Mutter bilanziert. Wie interpretieren Sie selbst dieses Ende?*

K.T. Nun, wirklich eher vom gleichen Standpunkt wie Barbora ... Als ich mit den Zeitzeugen sprach, bekam ich dabei ein trauriges Gefühl, denn sie konnten nicht so leben, wie sie wollten, und ihr ganzes Leben lang wurden sie für jemanden gehalten, der schlechter ist als die anderen. Die Situation hat sich vielleicht erst in den sechziger Jahren verändert, aber in der Zeit der Normalisierung kamen die ganzen Kadergutachten wieder und damit wieder eine Veränderung: Wenn man zum Beispiel aus einer deutschen Familie stammte, konnte man keine gut qualifizierte Arbeit bekommen. Und ich spürte einfach diese riesige Frustration von der Seite der Zeugen. Also ich nehme das genau so, wie ich es mit Barboras Worten geschrieben habe, dass Gertas Leben einfach frustrierend, leer und unerfüllt war.

V.K. Sie haben an der Masaryk-Universität in Brünn unter anderem auch Literaturwissenschaft studiert. Haben Ihnen die theoretischen Kenntnisse beim Schreiben des Romans geholfen?

K.T. Ich habe tatsächlich Bohemistik studiert und meine Diplomarbeit über Věra Sládková geschrieben, aber ich habe nicht versucht, diese Kenntnisse beim Schreiben anzuwenden, und eigentlich wollte ich das auch nicht. Immer wenn ich mich an den Computer gesetzt habe, hat es angefangen, und ich konnte es nicht beeinflussen und habe dann vielleicht ein paar Stunden geschrieben, danach den Text verkürzt, es war also intuitiv. Und der Perspektivenwechsel oder die Einleitung von verschiedenen Figuren in die Handlung [...], das alles ist nicht nach einem strikten Plan verlaufen.

V.K. Wen haben Sie sich als Leser ihres Romans vorgestellt? Ist das ein Buch für die jüngere Generation, die über die Ereignisse nur wenig weiß, oder vielleicht auch für die Vertriebenen selbst?

K.T. Als ich geschrieben habe, habe ich mir keinen konkreten Leser vorgestellt, ich wusste nicht einmal, ob das Buch veröffentlicht wird, und ich wusste nicht, ob ich mich mit diesem Thema und mit dieser Arbeit nicht auf zu dünnes Eis begebe. So existierte dieser Modelleser erst mal gar nicht. Zunächst hatte ich irgendwie das Bedürfnis, für mich selbst zu schreiben, und erst danach, als aus dieser Arbeit immer mehr wurde, auch ein bisschen für die Zeitzeugen, mit denen ich mich getroffen habe, die diesen Todesmarsch erleben mussten und deren Leben wie das Leben Gertas oft unerfüllt geblieben sind [...] So hatte ich das Bedürfnis, ihnen dabei zu helfen, sich des Drucks der Erinnerungen zu entledigen. Ich möchte, dass sie sehen können, dass sich jemand damit ernsthaft beschäftigt. Und als das Buch dann veröffentlicht wurde, hat sich herausgestellt, dass die Leser überwiegend Menschen älterer Generation sind, die zu diesem Thema ein positives wie auch ein negatives Verhältnis haben. Und außerdem ist das ein Roman für die mittlere Generation, die es vielleicht von ihren Eltern weiß oder irgendwie anders mit dem Deutschtum verbunden ist. Die jüngere Generation ist dagegen der geringste Teil der Leser, es gibt wirklich wenig

Jugendliche, die das Thema als Bestandteil unserer Geschichte interessieren könnte, wie ich es mir ein bißchen gehofft habe, aber ausgerechnet diese dritte, jüngste Generation hat kein großes Interesse dafür. Vielleicht Germanisten und Historiker, aber die breite junge Lesergemeinschaft eher nicht.

V.K. *Mit ihrem Buch haben Sie verschiedene Ausstellungen und Lesungen im Ausland besucht. Gibt es Unterschiede darin, wie das Publikum in der Tschechischen Republik und im Ausland auf den Roman reagiert?*

K.T. Die Reaktionen des Publikums waren unterschiedlich, je nachdem, wo ich die Lesungen hatte. In München zum Beispiel, wo ich im Sudetenhaus gelesen habe, ist die größte Gruppe an Menschen gekommen, die die Vertreibung selbst erlebt haben und die tatsächlich ihre Erfahrungen mit anderen teilen wollten. Es war auch eine der traurigsten Lesungen, einige Frauen haben geweint ... Es sind auch Kinder von Personen gekommen, die die Vertreibung erlebt haben und sie haben gesagt, dass es für sie sehr interessant war, etwas darüber zu lesen, worüber die Eltern ihnen erzählt bzw. nie erzählt haben. Das war tatsächlich sehr emotional. Diese Lesungen sind ohnehin nicht so kühl, meistens diskutieren Menschen und setzen sich mit dem Thema auseinander, weil sie dorthin schon mit konkreten Einstellungen und Erwartungen kommen.

V.K. *Und ich kann mir vorstellen, dass Sie auch negative Reaktionen bekommen haben.*

K.T. Natürlich. Ich habe eine Menge negativer Reaktionen bekommen. Auch die ältere Generation, diejenige, die Okkupation und Protektorat erlebt haben oder bei denen jemand aus der Familie während des Krieges gestorben ist, hatte das Gefühl, dass ich dadurch das rechtfertige, was Deutsche gemacht hatten, dass das Buch ein Beleg dafür ist, dass sie gar nicht so böse waren. Aber das ist schrecklich generalisiert, so ein schwarz-weißes Bild. Ich habe versucht, anhand eines Kapitel zu demonstrieren – ich meine das Kapitel über Gertas Bruder Friedrich –, dass ich nicht nur aus der deutschen Sicht geschrieben habe. [...] Aber ich muss auch sagen, dass zu den Lesungen nicht nur Menschen kommen, die eine negative Einsicht zu diesem Thema haben, sonden auch die, die andere Erfahrungen haben oder die selbst aus einer deutschen Familie stammen. So hat es mir im Großen und Ganzen gefallen, dass es meistens nicht so eindeutig war, denn die Schicksale der Deutschen auf einer Seite und der Tschechen auf der anderen Seite zeigen eigentlich, dass es auf allen Seiten Opfer gegeben hat, dass es eigentlich nie so schwarz-weiß war. Die schlimmste Erfahrung war allerdings Folgendes: Während der ersten Lesung ist ein älterer Herr aufgestanden und mitten in der Diskussion ist er mit schreiend herausgegangen, ob ich schon über den Holocaust gehört habe und falls ja, wie ich dann solche Sachen schreiben könne. Also manchmal war es auch so ... hart. Aber auf der anderen Seite kommt es oft zu einer Auseinandersetzung mit dem Thema und wenn die Menschen dann mit einer anderen Einstellung nach Hause gehen, also nicht mehr mit dieser schwarz-weißen, so ist es wirklich schön.

11. Literaturverzeichnis

Primärliteratur

Kateřina Tučková: Vyhnání Gerty Schnirch. Brno 2009.

Monographien und Sammelbände

Arendt, Dieter: Vom literarischen „Recht auf Heimat" oder: Das Motiv Heimat in der Literatur. In: Feuchert, Sascha (Hg.): Flucht und Vertreibung in der deutschen Literatur. Frankfurt am Main 2001, S. 15-30.

Bauer, Stefan: Das Bild der Heimat in der sudetendeutschen Trivialliteratur. In: Heumos, Peter (Hg.): Heimat und Exil. Emigration und Rückwanderung, Vertreibung und Integration in der Geschichte der Tschechoslowakei. München 2001, S. 37-58.

Bode, Christoph: Der Roman. 2. Aufl. Tübingen 2011.

Brandes, Detlef: Edvard Beneš und die Pläne zur Vertreibung/Aussiedlung der Deutschen und Ungarn 1938-1945. In: Zand, Gertraude; Holý, Jiří (Hg.): Vertreibung/Aussiedlung/Transfer im Kontext der tschechischen Literatur. Vyhnání/odsun/transfer v kontextu české literatury. Brno 2004, S. 11-28.

Brenner, Christiane: „Zwischen Ost und West". Tschechische politische Diskurse 1945-1948. München 2009.

Brumlik, Micha: Wer Sturm sät. Die Vertreibung der Deutschen. Berlin 2005.

Dornemann, Axel: Flucht und Vertreibung aus den ehemaligen deutschen Ostgebieten in Prosaliteratur und Erlebnisbericht seit 1945. Eine annotierte Bibliographie. Stuttgart 2005.

Eliášová, Patricie: „Sudetendeutsche Literatur" oder „Vertreibungsliteratur"? Die wissenschaftliche Debatte über das literarische Schaffen deutschsprachiger Autoren aus den böhmischen Ländern seit 1945. In: Haslinger, Peter; Franzen, K. Erik; Schulze Wessel, Martin (Hg.): Diskurse über Zwangsmigrationen in Zentraleuropa. Geschichtspolitik, Fachdebatten, literarisches und lokales Erinnern seit 1989. München 2008, S. 247-259.

Franzen, K. Erik: Die Vertriebenen. Hitlers letzte Opfer. München 2001.

Helbig, Louis Ferdinand: Der ungeheure Verlust. Flucht und Vertreibung in der deutschsprachigen Belletristik der Nachkriegszeit. Wiesbaden 1988.

Holý, Jiří: Geschichte der tschechischen Literatur des 20. Jahrhunderts. Wien 2003.

Holý, Jiří: Ota Filips Lojzek-Lopáček-Roman. In: Zand, Gertraude; Holý, Jiří (Hg.): Vertreibung/Aussiedlung/Transfer im Kontext der tschechischen Literatur. Vyhnání/odsun/ transfer v kontextu české literatury. Brno 2004, S. 107-124.

Kleßmann. Christoph: Flucht und Vertreibung im 20. Jahrhundert – ein zeitgeschichtlicher Abriß. In: Mehnert, Elke (Hg.): Landschaften der Erinnerung: Flucht und Vertreibung aus deutscher, polnischer und tschechischer Sicht. Frankfurt am Main 2001, S. 14-40.

Kraft, Claudia: Der Platz der Vertreibung der Deutschen im historischen Gedächtnis Polens und der Tschechoslowakei/Tschechiens. In: Cornelißen, Christoph; Holec, Roman; Pešek, Jiří (Hg.): Diktatur-Krieg-Vertreibung. Erinnerungskulturen in Tschechien, der Slowakei und Deutschland seit 1945. Essen 2005, S. 329-353.

Kroll, Frank-Lothar: Vorwort. In: Kroll, Frank-Lothar (Hg.): Flucht und Vertreibung in der Literatur nach 1945. Berlin 1997.

Křen, Jan: Odsun Němců ve světle nových pramenů. In: Černý, Bohumil; Křen, Jan (Hg.): Češi, Němci, odsun. Diskuse nezávislých historiků. Praha 1990, S. 6-32.

Liebermann, Doris: Die abgeschobene Geschichte. Ein Gespräch mit Petr Příhoda. In: Oswald, Anne von; Schmelz, Andrea; Lenuweit, Tanja (Hg.): Erinnerungen in Kultur und Kunst. Reflexionen über Krieg, Flucht und Vertreibung in Europa. Bielefeld 2009, S. 183-194.

Maidl, Václav: Flucht und Vertreibung in der tschechischen Nachkriegsliteratur. In: Mehnert, Elke (Hg.): Landschaften der Erinnerung: Flucht und Vertreibung aus deutscher, polnischer und tschechischer Sicht. Frankfurt am Main 2001, S. 114-132.

Maidl, Václav: Obraz německy mluvících postav a německého prostředí v české literatuře 19. a 20. století. In: Křen, Jan; Broklová, Eva (Hg.): Obraz Němců, Rakouska a Německa v české společnosti 19. a 20. století. Praha 1998, S. 281-302.

Martinez, Matias; Scheffel, Michael: Einführung in die Erzähltheorie. 8. Aufl. München 1999.

Mehnert, Elke: Vertriebene versus Umsiedler – der ostdeutsche Blick auf ein Kapitel Nachkriegsgeschichte. In: Mehnert, Elke (Hg.): Landschaften der Erinnerung: Flucht und Vertreibung aus deutscher, polnischer und tschechischer Sicht. Frankfurt am Main 2001, S. 133-157.

Mindeková, Iveta: Téma rodu a hledání kořenů v současné české próze. In: Fedrová, Stanislava (Hg.): Obraz dějin v české a slovenské literatuře. 7. ročník studentské literárněvědné konference. Praha 2009, S. 122-137.

Neubert, Reiner: „Ich glaube, so ist es, wenn man stirbt…" Die Vertreibung von Deutschen aus der Tschechoslowakei als Thema neuerer tschechischer und deutscher Kinder- und Jugendliteratur. In: Müller, Heidy Margrit; Kennedy, Alistair (Hg.): Migration, Minderheiten und kulturelle Vielfalt in der europäischen Jugendliteratur. Bern 2001, S. 253-274.

Nünning, Vera und Ansgar: Von „der" Erzählperspektive zur Perspektivenstruktur narrativer Texte: Überlegungen zur Definition, Konzeptualisierung und Untersuchbarkeit von Multiperspektivität. In: Nünning, Vera und Ansgar (Hg.): Multiperspektivisches Erzählen: Zur Theorie und Geschichte der Perspektivenstruktur im englischen Roman des 18. bis 20. Jahrhunderts. Trier 2000, S. 3-38.

Peroutková, Michaela: Literarische und mündliche Erzählungen über die Vertreibung. Ein deutsch-tschechischer Vergleich. Duisburg 2006.

Reichling, Gerhard: Die deutschen Vertriebenen in Zahlen. Teil I: Umsiedler, Verschleppte, Vertriebene, Aussiedler 1940-1985. Bonn 1986.

Salzborn, Samuel: Geteilte Erinnerungen. Die deutsch-tschechischen Beziehungen und die sudetendeutsche Vergangenheit. Frankfurt am Main 2008.

Schaal, Björn: Jenseits von Oder und Lethe. Flucht, Vertreibung und Heimatverlust in Erzähltexten nach 1945 (Günter Grass – Siegfried Lenz – Christa Wolf). Trier 2006.

Schmid, Wolf: Elemente der Narratologie. Berlin 2005.

Schneider, Jost: Einführung in die Romananalyse. 3. Aufl. Darmstadt 2010.

Schneiß, Wolfgang: Flucht, Vertreibung und verlorene Heimat im früheren Ostdeutschland. Beispiele literarischer Bearbeitung. Frankfurt am Main 1996.

Spörl, Uwe: Basislexikon Literaturwissenschaft. Paderborn 2004.

Staněk, Tomáš: Vertreibung und Aussiedlung der Deutschen aus der Tschechoslowakei 1945- 1948. In: Brandes, Detlef; Kural, Václav (Hg.): Der Weg in die Katastrophe. Deutsch-tschechoslowakische Beziehungen 1938-1947. Essen 1994, S. 165-186.

Tomáš, Filip: Všechno tam na vás čeká! K dějinám české osidlovací literatury let 1947- 1951. In: Zand, Gertraude; Holý, Jiří (Hg.): Vertreibung/Aussiedlung/Transfer im Kontext der tschechischen Literatur. Vyhnání/odsun/ transfer v kontextu české literatury. Brno 2004, S. 76-87.

Zand, Gertraude: Václav Řezáčs Nástup – ein tschechischer Kolonialroman. In: Zand, Gertraude; Holý, Jiří (Hg.): Vertreibung/Aussiedlung/Transfer im Kontext der tschechischen Literatur. Vyhnání/odsun/ transfer v kontextu české literatury. Brno 2004, S.88-97.

Zeitungs- und Zeitschriftenartikel

Bock, Ivo: Das „sudetendeutsche Thema" in der tschechischen Literatur. Stereotype und Gegenstereotype. In: Osteuropa 53/2003, S. 77- 93.

Chitnis, Rajendra: „Moral Limits": The Expression and Suppression of Guilt in Czech Post-War Writing about the Borderlands. In: Central Europe 10/2012, S. 18-54.

Hečková, Michaela: Neodsunuté vzpomínky. In: Reflex vom 03.12.2009, S. 65.

Horák, Ondřej: Kojence odhazovaly do polí. In: Lidové noviny 90/2009, S. 10.

Janoušek, Pavel: Svědectví nejen o Gertě Schnirch. In: HOST 9/2009, S. 61-62

Jungmann, Milan: Prózy o česko-německých vztazích. In: Literární noviny 4(29)/1993, S. 6.

Košnarová,Veronika: Za přečtení stojí...Kateřina Tučková: Vyhnání Gerty Schnirch. In: Český jazyk a literatura 60/2009-2010, S. 237-240.

Maidl, Václav: Zobrazení německy mluvících postav v české literatuře po roce 1945. In: Tvar 9/1993, S. 4-5.

Šafařík, Petr: Die Vertreibung und Aussiedlung in der tschechischen und deutschen Literatur und Erinnerung. In: Acta Universitatis Carolinae. Studia territorialia 10/2010, S. 12.

Štillerová, Jana: Téma ztraceného domova ve vybraných dílech českých a sudetoněmeckých autorů. In: Usta nad Albim Bohemica 1/2012, S. 160-169.

Internetquellen

Faltýnek, Vilém: O brněnské dívce jménem Gerta Schnirch. Online verfügbar unter: http://www.radio.cz/cz/rubrika/knihy/o-brnenske-divce-jmenem-gerta-schnirch, zuletzt geprüft am 01.02.2013.

Horáčková, Alice: Spisovatelka Tučková: Odsun? To je téma na román. Online verfügbar unter: http://katerina-tuckova.cz/rozhovor-iDnes.html, zuletzt geprüft am 01.02.2013.

Oda, Milena: *Die Vertreibung der Gerta Schnirch*: Kateřina Tučkovás erzählt vom Leben am Rand der tschechischen Gesellschaft. Online verfügbar unter: http://www.berlinerliteraturkritik.de/detailseite/artikel/die-vertreibung-der-ger ta-schnirch.html, zuletzt geprüft am 01.02.2013.

Peňás, Jiří: Mladá žena a tzv. odsun. Online verfügbar unter: http://katerina-tuckova.cz/recenze-Vyhnani-Gerty-Schnirch-Lidovky-3.html, zuletzt geprüft am 01.02.13.

Riedel, Iris: Junge tschechische Autorin schreibt Roman über Todesmarsch von Brünn. Online verfügbar unter: http://www.radio.cz/de/rubrik/tagesecho/jung e-tschechische-autorin-schreibt-roman-ueber-todesmarsch-von-bruenn, zuletzt geprüft am 01.02.2013.

Staněk, Vojtěch: Dějiny vs. román 1-0. Online verfügbar unter: http://www.advojka.cz/archiv/2010/5/dejiny-vs-roman-1-0, zuletzt geprüft am 01.02.2013.

Sie haben die Wahl:

Bestellen Sie die Schriftenreihe
Literatur und Kultur im mittleren und östlichen Europa
einzeln oder im **Abonnement**

per E-Mail: vertrieb@ibidem-verlag.de | per Fax (0511/262 2201)
als Brief (*ibidem*-Verlag | Leuschnerstr. 40 | 30457 Hannover)

Bestellformular

☐ Ich abonniere die Schriftenreihe *Literatur und Kultur im mittleren
und östlichen Europa* ab Band # ____

☐ Ich bestelle die folgenden Bände der Schriftenreihe
Literatur und Kultur im mittleren und östlichen Europa
____; ____; ____; ____; ____; ____; ____; ____; ____; ____

Lieferanschrift:

Vorname, Name ....

Anschrift ....

E-Mail.. | Tel.: ....

Datum .... | Unterschrift ....

Ihre Abonnement-Vorteile im Überblick:

- Sie erhalten jedes Buch der Schriftenreihe pünktlich zum Erschei-
nungstermin – immer aktuell, ohne weitere Bestellung durch Sie.
- Das Abonnement ist jederzeit kündbar.
- Die Lieferung ist innerhalb Deutschlands versandkostenfrei.
- Bei Nichtgefallen können Sie jedes Buch innerhalb von 14 Tagen an
uns zurücksenden.

***ibidem*-Verlag**

Melchiorstr. 15

D-70439 Stuttgart

info@ibidem-verlag.de

www.ibidem-verlag.de
www.ibidem.eu
www.edition-noema.de
www.autorenbetreuung.de